MANUEL PRATIQUE

POUR L'APPLICATION DE LA LOI

SUR

L'INSTRUCTION OBLIGATOIRE

CONTENANT

Le résumé des débats parlementaires, le commentaire de la loi,
les circulaires, arrêtés et décrets relatifs à son application
et une table alphabétique détaillée

PAR MM.

EDM. BENOIT-LÉVY | F.-B. BOCANDÉ

Avocats à la Cour d'appel de Paris

AVEC UNE PRÉFACE

Par M. JEAN MACÉ

Président de la Ligue de l'Enseignement

PARIS

LIBRAIRIE LÉOPOLD CERF

13, RUE DE MÉDICIS, 13
—
DÉCEMBRE 1882

PRIX : 1 FRANC

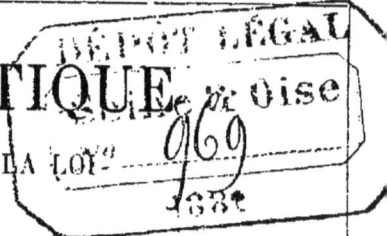

MANUEL PRATIQUE

POUR L'APPLICATION DE LA LOI

SUR

L'INSTRUCTION OBLIGATOIRE

2005

Code - Manuel de la Presse, 3ᵉ édition, par MM. Albert
FAIVRE, directeur du cabinet et du personnel de la Préfecture
de la Seine, et Edmond BENOIT-LÉVY, avocat à la Cour d'appel.

**Étude historique et juridique sur le Serment more
Judaïco**, par M. Edmond BENOIT-LÉVY.

**Étude sur la Prescription de l'action en responsabi-
lité contre les architectes**, par M. Edmond BENOIT-LÉVY.

MANUEL PRATIQUE

POUR L'APPLICATION DE LA LOI

SUR

L'INSTRUCTION OBLIGATOIRE

CONTENANT

Le résumé des débats parlementaires, le commentaire de la loi,
les circulaires, arrêtés et décrets relatifs à son application
et une table alphabétique détaillée

PAR MM.

Edm. BENOIT-LÉVY | F.-B. BOCANDÉ

Avocats à la Cour d'appel de Paris

AVEC UNE PRÉFACE

Par M. JEAN MACÉ

Président de la Ligue de l'Enseignement

PARIS

LIBRAIRIE LÉOPOLD CERF

13, RUE DE MÉDICIS, 13

—

1882

PRÉFACE

Avant d'arriver au suffrage universel, nous aurions
dû passer par trente ans d'instruction obligatoire. Le
mois dernier, nous avions le suffrage universel depuis plus de trente-quatre ans, et nous n'avions pas
encore l'instruction obligatoire. Les lois ne comptent
que du jour où elles sont appliquées.

Elles ne comptent également que dans la mesure
de leur application. Si nous voulons que la loi de
l'instruction obligatoire porte ses fruits, il faut nous
préparer sur tous les points du pays à la lutte corps
à corps avec ceux qui n'en veulent pas, et qui ne
reculeront devant rien pour lui faire obstacle. Ceux-
là sont les mêmes qui n'ont jamais voulu du suffrage

universel, ni avant, comme but à atteindre, ni après, comme fait à accepter. On peut y joindre les traîtres qui ne l'ont accepté que pour l'escamoter, et qui n'auraient eu garde de donner les mains aux mesures propres à affranchir le peuple de l'ignorance qui faisait leur force.

Ceux qui prennent le suffrage universel au sérieux, ceux qui veulent la République, ne peuvent pas se trouver divisés sur la question de l'instruction obligatoire. Entre le droit de vote donné à tous et l'instruction imposée à tous, il y a une corrélation indéniable. Le second terme est la conséquence forcée du premier.

C'est donc une loi de salut public, odieuse à juste titre à tous les ennemis de la République et de la patrie, placée par cela même sous la protection de tous les bons citoyens, dont il va falloir surveiller religieusement l'application. Nul travail ne pouvait venir mieux à son heure que ce *Manuel pratique pour l'application de la loi sur l'instruction obligatoire*, dont MM. Benoît-Lévy et Bocandé ont fait à la fois un guide sûr et complet pour les instituteurs et les pères de famille appelés à la pratiquer, et un arsenal précieux où ses défenseurs pourront retrouver, condensés côte à côte, les arguments et les textes dont ils auront à s'appuyer.

Il appartient d'autant plus à l'initiative privée de venir en aide aux pouvoirs publics pour assurer l'obéissance à la législation nouvelle qui régit maintenant nos écoles, qu'elle peut à bon droit revendiquer une large part dans son établissement. L'Angleterre avait, il y a quarante ans, sa ligue du pain, la ligue de Cobden. La France a maintenant sa Ligue du pain intellectuel, et les quatre cent soixante-trois sociétés d'instruction qu'elle compte à l'heure qu'il est, forment une armée enrôlée d'avance au service d'une loi qui est un peu son ouvrage. Le vote arraché, non sans peine, aux deux Chambres avait été rendu, on peut le dire, inévitable :

1° Par sa fameuse pétition du million de signatures que l'Assemblée de Versailles a bien pu dédaigner, dont elle n'a pu détruire l'effet sur l'opinion publique ;

2° Par la grande enquête ouverte, à ses frais, au sein des Conseils généraux et municipaux, qui a provoqué l'adhésion au principe de la loi de plus de la moitié de la population française, dans la personne de ses représentants.

A côté du nom qu'immortalisera la loi Ferry, il y aura une place, si l'histoire est juste, pour celui du secrétaire de la Ligue de l'Enseignement, d'Emmanuel Vauchez, qui avait préparé la victoire parlementaire du Ministre en remuant la France pendant dix ans, au nom de la loi à faire sur l'Instruction obligatoire, gratuite et laïque.

Château de Monthiers, 31 octobre 1882.

JEAN MACÉ.

AVERTISSEMENT

Il n'est plus permis à aucun citoyen d'ignorer les dispositions de la loi du 28 mars 1882, qui établit l'obligation de l'enseignement primaire en même temps que sa laïcité.

C'est pour propager la connaissance des devoirs nouveaux que cette loi impose aux pères de famille et aux instituteurs, ainsi que des droits qu'elle leur confère, que nous publions ce modeste travail.

Si simple que soit le texte de la nouvelle loi, nous avons pensé qu'il ne serait pas inutile de l'entourer de toutes les explications nécessaires pour saisir la pensée du législateur, même lorsqu'elle paraît clairement exprimée.

En lisant la discussion de la loi, en examinant tous les documents officiels qui viennent d'ordinaire organiser son application, ainsi que les textes antérieurs qu'une loi nouvelle n'abroge pas, on aperçoit un certain nombre de difficultés qui n'apparaissaient pas tout d'abord.

Voici comment nous avons procédé pour commenter d'une façon pratique la nouvelle loi sur l'instruction primaire obligatoire.

Nous avons donné d'abord le texte intégral de la loi, sans intercalation, jugeant qu'il était nécessaire de le lire dans son ensemble pour en bien saisir l'esprit général.

Reprenant ensuite la loi article par article, nous avons résumé la discussion à la Chambre et au Sénat, en citant les passages qui pouvaient offrir un intérêt particulier, et en expliquant les termes ambigus ; nous avons consulté également les magnifiques rapports, de M. Paul Bert, à la Chambre, de M. Ribière, au Sénat. Constamment sur la brèche, aux côtés de l'éminent auteur de la loi, ils ont droit, eux aussi, à une grande part de la reconnaissance du pays.

Enfin, nous avons extrait des circulaires ministérielles les passages qui se rapportaient aux articles commentés. On a ainsi un véritable commentaire officiel et pour ainsi dire vivant de la loi.

En appendice, nous avons donné les principaux textes que nos lecteurs ont le plus souvent besoin de consulter et qui, tous, ont rapport à l'application de la loi du 28 mars.

Notre table des matières est aussi détaillée que possible ; les recherches en seront facilitées d'autant.

Tel est le plan de ce petit Manuel.

Nous avons essayé de le faire pratique, sans phrase, sans document inutile, mais aussi sans rien omettre, ni des arguments présentés de part et d'autre dans la discussion, ni des textes indispensables.

Notre but sera atteint si nous rendons quelque service aux instituteurs et aux pères de famille ; leur être utile a été notre seule ambition.

LOI DU 28 MARS 1882

ÉTABLISSANT L'OBLIGATION ET LA LAÏCITÉ DE L'ENSEIGNEMENT PRIMAIRE (1)

Le Sénat et la Chambre des députés ont adopté,

Le Président de la République promulgue la loi dont la teneur suit :

Article premier. — L'enseignement primaire comprend :

L'instruction morale et civique ;

La lecture et l'écriture ;

La langue et les éléments de la littérature française ;

La géographie, particulièrement celle de la France ;

L'histoire, particulièrement celle de la France jusqu'à nos jours ;

---

(1) *Chambre des députés.* — Présentation par M. J. Ferry le 20 janvier 1880. (Exposé des motifs : *Officiel* du 15 février 1880.) — Rapport Paul Bert, déposé le 11 mai 1880. (Texte : *Officiel* du 26 mai.) — Discussion générale : 4, 14, 16, 17, 18 et 20 décembre 1880. — Discussion des articles : 21, 23 et 24 décembre 1880.

Sénat : Transmission le 21 janvier 1881. — Rapport Ribière déposé le 21 mai 1881. — (Texte : *Officiel,* Documents de mai, p. 363 et 369.) — 1re délibération : 3, 4, 10, 11, 13, 14 juin 1881. — 2° délibération : 1, 2, 4, 5, 7, 8, 12 juillet.

Chambre : Retour 19 juillet 1881. — Rapport Paul Bert (*Officiel,* 24 juillet). — Adoption, 25 juillet 1881.

Sénat : Retour 26 juillet. — Rapport Ribière (*Officiel,* 7 juillet). — Discussion : 11, 13, 14, 16, 18, 20, 21 et 23 mars 1882.

Promulgation au *Journal officiel :* le 29 mars 1882.

Quelques notions usuelles de droit et d'économie politique ;

Les éléments des sciences naturelles, physiques et mathématiques ; leurs applications à l'agriculture, à l'hygiène, aux arts industriels, travaux manuels et l'usage des outils des principaux métiers ;

Les éléments du dessin, du modelage et de la musique ;

La gymnastique ;

Pour les garçons, les exercices militaires ;

Pour les filles, les travaux à l'aiguille.

L'article 23 de la loi du 15 mars 1850 est abrogé.

Art. 2. — Les écoles primaires publiques vaqueront un jour par semaine, en outre du dimanche, afin de permettre aux parents de faire donner, s'ils le désirent, à leurs enfants, l'instruction religieuse, en dehors des édifices scolaires.

L'enseignement religieux est facultatif dans les écoles privées.

Art. 3. — Sont abrogées les dispositions des articles 18 et 44 de la loi du 15 mars 1850, en ce qu'elles donnent aux ministres des cultes un droit d'inspection, de surveillance et de direction dans les écoles primaires publiques et privées et dans les salles d'asile, ainsi que le paragraphe 2 de l'article 31 de la même loi, qui donne aux consistoires le droit de présentation pour les instituteurs appartenant aux cultes non catholiques.

Art. 4. — L'instruction primaire est obligatoire pour les enfants des deux sexes âgés de six ans révolus à treize ans révolus ; elle peut être donnée soit dans les établissements d'instruction primaire ou secondaire, soit dans les écoles publiques ou libres, soit dans les familles, par le père de famille lui-même ou par toute personne qu'il aura choisie.

Un règlement déterminera les moyens d'assurer l'instruction primaire aux enfants sourds-muets et aux aveugles.

Art. 5. — Une commission municipale scolaire est instituée dans chaque commune pour surveiller et encourager la fréquentation des écoles.

Elle se compose du maire, président ; d'un des délégués du canton, et, dans les communes comprenant plusieurs cantons, d'autant de délégués qu'il y a de cantons, désignés par l'Inspecteur d'Académie ; de membres désignés par le conseil municipal en nombre égal, au plus, au tiers des membres de ce conseil.

A Paris et à Lyon, il y a une commission pour chaque arrondissement municipal. Elle est présidée, à Paris, par le maire ; à Lyon, par un des adjoints ; elle est composée d'un des délégués cantonaux désigné par l'Inspecteur d'Académie, de membres désignés par le conseil municipal au nombre de trois à sept par chaque arrondissement.

Le mandat des membres de la Commission scolaire, désignés par le conseil municipal, durera jusqu'à l'élection d'un nouveau conseil municipal.

Il sera toujours renouvelable.

L'Inspecteur primaire fait partie de droit de toutes les commissions scolaires instituées dans son ressort.

Art. 6. — Il est institué un certificat d'études primaires ; il est décerné après un examen public auquel pourront se présenter les enfants dès l'âge de onze ans.

Ceux qui, à partir de cet âge, auront obtenu le certificat d'études primaires, seront dispensés du temps de scolarité obligatoire qui leur restait à passer.

Art. 7. — Le père, le tuteur, la personne qui a la garde de l'enfant, le patron chez qui l'enfant est placé devra, quinze jours au moins avant l'époque de la rentrée des classes, faire savoir au maire de la commune s'il entend faire donner à l'enfant l'instruction dans la famille ou dans une école publique ou privée ; dans ces deux derniers cas, il indiquera l'école choisie.

Les familles domiciliées à proximité d'une ou plusieurs écoles publiques ont la faculté de faire inscrire leurs enfants à l'une ou l'autre de ces écoles, qu'elle soit ou non sur le territoire de leurs communes, à moins qu'elle ne compte déjà le nombre maximum d'élèves autorisé par les règlements.

En cas de contestation, et sur la demande soit du maire, soit des parents, le conseil départemental statue en dernier ressort.

Art. 8. — Chaque année le maire dresse, d'accord avec la Commission municipale scolaire, la liste de tous les enfants âgés de six à treize ans, et avise les personnes qui ont charge de ces enfants de l'époque de la rentrée des classes.

En cas de non-déclaration, quinze jours avant l'époque de la rentrée, de la part des parents et autres personnes responsables, il inscrit d'office l'enfant à l'une des écoles publiques et en avertit la personne responsable.

Huit jours avant la rentrée des classes, il remet aux directeurs d'écoles publiques et privées la liste des enfants qui doivent suivre leurs écoles. Un double de ces listes est adressé par lui à l'Inspecteur primaire.

Art. 9. — Lorsqu'un enfant quitte l'école, les parents ou les personnes responsables doivent en donner immédiatement avis au maire et indiquer de quelle façon l'enfant recevra l'instruction à l'avenir.

Art. 10. — Lorsqu'un enfant manque momentanément l'école, les parents ou les personnes responsables doivent faire connaître au directeur ou à la directrice les motifs de son absence.

Les directeurs et les directrices doivent tenir un registre d'appel qui constate, pour chaque classe, l'absence des élèves inscrits. A la fin de chaque mois, ils adresseront au maire et à l'Inspecteur primaire un extrait de ce registre, avec l'indication du nombre des absences et des motifs invoqués.

Les motifs d'absence seront soumis à la Commission scolaire. Les seuls motifs réputés légitimes sont les suivants : maladie de l'enfant, décès d'un membre de la famille, empêchements résultant de la difficulté accidentelle des communications. Les autres circonstances, exceptionnellement invoquées, seront également appréciées par la Commission.

Art. 11. — Tout directeur d'école privée, qui ne se sera pas conformé aux prescriptions de l'article précédent, sera, sur le rapport de la Commission scolaire et de l'Inspecteur primaire, déféré au Conseil départemental.

Le Conseil départemental pourra prononcer les peines suivantes : 1° l'avertissement; 2° la censure; 3° la suspension pour un mois au plus et, en cas de récidive dans l'année scolaire, pour trois mois au plus.

Art. 12. — Lorsqu'un enfant se sera absenté de l'école quatre fois dans le mois, pendant au moins une demi-journée, sans justification admise par la Commission municipale scolaire, le père, le tuteur ou la personne responsable sera invité, trois jours au moins à l'avance, à comparaître dans la salle des actes de la mairie devant ladite Commission, qui lui rappellera le texte de la loi et lui expliquera son devoir.

En cas de non-comparution, sans justification admise, la Commission appliquera la peine énoncée dans l'article suivant.

Art. 13. — En cas de récidive dans les douze mois qui suivront la première infraction, la Commission municipale scolaire ordonnera l'inscription pendant quinze jours ou un mois, à la porte de

SUR L'ENSEIGNEMENT PRIMAIRE

la mairie, des nom, prénoms et qualités de la personne responsable, avec l'indication du fait relevé contre elle.

La même peine sera appliquée aux personnes qui n'auront pas
obtempéré aux prescriptions de l'article 9.

Art. 14. — En cas d'une nouvelle récidive, la Commission scolaire ou, à son défaut, l'Inspecteur primaire devra adresser une
plainte au juge de paix. L'infraction sera considérée comme une
contravention et pourra entraîner condamnation aux peines de
police, conformément aux articles 479, 480 et suivants du Code
pénal.

L'art. 463 du même code est applicable.

Art. 15. — La Commission scolaire pourra accorder aux enfants
demeurant chez leurs parents ou leur tuteur, lorsque ceux-ci en
feront la demande motivée, des dispenses de fréquentation scolaire ne pouvant dépasser trois mois par année en dehors des
vacances.

Ces dispenses devront, si elles excèdent quinze jours, être
soumises à l'approbation de l'Inspecteur primaire.

Ces dispositions ne sont pas applicables aux enfants qui suivront leurs parents ou tuteurs, lorsque ces derniers s'absenteront
temporairement de la commune. Dans ce cas, un avis donné verbalement ou par écrit au maire ou à l'instituteur suffira.

La Commission peut aussi, avec l'approbation du Conseil départemental, dispenser les enfants employés dans l'industrie et
arrivés à l'âge de l'apprentissage d'une des deux classes de la
journée ; la même faculté sera accordée à tous les enfants employés, hors de leur famille, dans l'agriculture.

Art. 16. — Les enfants qui reçoivent l'instruction dans la famille doivent, chaque année, à partir de la fin de la deuxième
année d'instruction obligatoire, subir un examen qui portera sur
les matières de l'enseignement correspondant à leur âge dans
les écoles publiques, dans des formes et suivant des programmes
qui seront déterminés par arrêtés ministériels rendus en Conseil
supérieur.

Le jury d'examen sera composé de : l'Inspecteur primaire, ou
son délégué, président ; un délégué cantonal ; une personne
munie d'un diplôme universitaire ou d'un brevet de capacité ; les
juges seront choisis par l'Inspecteur d'Académie. Pour l'examen
des filles, la personne brevetée devra être une femme.

Si l'examen de l'enfant est jugé insuffisant et qu'aucune excuse ne soit admise par le jury, les parents sont mis en demeure d'envoyer leur enfant dans une école publique ou privée dans la huitaine de la notification et de faire savoir au maire quelle école ils ont choisie.

En cas de non-déclaration, l'inscription aura lieu d'office, comme il est dit à l'article 8.

Art. 17. — La Caisse des écoles, instituée par l'article 15 de la loi du 10 avril 1867, sera établie dans toutes les communes. Dans les communes subventionnées dont le centime n'excède pas 30 fr., la Caisse aura droit, sur le crédit ouvert pour cet objet au Ministère de l'Instruction publique, à une subvention au moins égale au montant des subventions communales.

La répartition des secours se fera par les soins de la Commission scolaire.

Art. 18. — Des arrêtés ministériels, rendus sur la demande des Inspecteurs d'Académie et des Conseils départementaux, détermineront, chaque année, les communes, où, par suite d'insuffisance des locaux scolaires, les prescriptions des articles 4 et suivants sur l'obligation ne pourraient être appliquées.

Un rapport annuel, adressé aux Chambres par le Ministre de l'Instruction publique, donnera la liste des communes auxquelles le présent article aura été appliqué.

La présente loi, délibérée et adoptée par le Sénat et par la Chambre des députés, sera exécutée comme loi d'État.

JULES GRÉVY.

Par le Président de la République :

Le Ministre de l'Instruction publique et des Beaux-Arts.

JULES FERRY.

CONSIDÉRATIONS GÉNÉRALES

1. *But du projet.*

Le projet du gouvernement n'avait trait qu'à l'obligation ; le ministre voulait marcher lentement, mais sûrement, dans ses étapes, dont chacune constituait, dans notre réglementation de l'instruction publique, un progrès immense.

M. Jules Ferry rappelait dans son exposé des motifs que M. Guizot, l'adversaire pendant quarante ans de l'obligation, en reconnaissait, en 1872, la nécessité :

« Il peut arriver, disait-il, que l'état social et l'état des esprits rendent l'obligation légale en fait d'instruction primaire, légitime, salutaire et nécessaire. C'est là que nous en sommes aujourd'hui. La France et son Gouvernement ont raison d'accueillir ce principe en y attachant des garanties efficaces pour le maintien de l'autorité paternelle et de la liberté des consciences et des familles. »

Et M. Ferry disait plus loin :

« Est-il besoin de rappeler que l'instruction obligatoire n'a rien qui ressemble à l'école obligatoire ? que si, le but est fixe, les moyens sont libres ? que la seule obligation imposée à l'enfance est d'acquérir le minimum de connaissances que la première loi de 1791 appelait si bien « les parties d'enseignement indispensables pour tous les hommes ? » et qu'enfin l'on n'empiète ni sur la liberté du père de famille, ni sur celle de l'enfant, en déniant à celui-ci le droit à l'ignorance, en refusant à celui-là la liberté illimitée de l'exploitation ? »

Ce langage du ministre de l'Instruction publique n'aurait-il pas dû rencontrer l'approbation unanime de tous les citoyens, de quelque parti qu'ils fussent ? — Il n'en fut malheureusement pas ainsi.

De même que pour la gratuité, les adversaires de la République se sont ligués contre le projet, parce que l'enseignement obligatoire de l'Etat formera des citoyens et non des prosélytes religieux, et parce que le régime républicain s'attirera les sympathies de toutes les jeunes générations qui vont profiter de ces lois bienfaisantes.

2. *Objections au projet.*

Les objections faites contre le projet de la loi ne sont pas si nombreuses qu'il ne soit facile de les réunir ici en quelques lignes.

L'obligation est attentatoire aux droits du père de famille, inapplicable, inefficace ; en outre, elle force le père à envoyer l'enfant dans une école d'irreligion. — L'obligation enlève le choix au père de famille. — L'enseignement de l'Etat sera placé au-dessus de toutes les concurrences. — Les lois sont faites pour les majorités, or, sur 36 millions d'habitants, il y a 35 millions de catholiques. — La loi est dangereuse parce qu'elle introduit dans l'école les divisions de la politique.

3. *Discours de MM. J. Ferry et Paul Bert.*

MM. Jules Ferry, Paul Bert, Ribière ont soutenu énergiquement les principes posés par la loi nouvelle. Le Sénat avait bien introduit dans l'article 1er, les « devoirs envers Dieu » sur la proposition de M. Jules Simon ; la Chambre maintint l'exclusion du programme de tout enseignement religieux et fit de cette loi ce qu'elle est : une loi garantissant tout d'abord la neutralité de l'école.

M. Paul Bert, à la Chambre, défendit ainsi le principe de la laïcité :

..... « Nous ne voulons plus, dit-il, l'école esclave de l'Eglise, mais indépendante. Nous ne voulons plus l'instituteur dépendant de l'Eglise, mais l'instituteur libre dans son école. En même temps nous laissons le prêtre libre dans l'église. A l'un nous attribuons la science, ce qui se démontre, à l'autre nous donnons plein pouvoir dans le domaine de la foi, de ce qui se croit ; à l'un le domaine de ce que l'on comprend avec les seules lumières de la raison, à l'autre celui dans lequel il faut faire intervenir la lumière de la grâce. A tous deux la protection, le respect, la liberté. De cette manière, nous séparons ces deux domaines, nous laissons chacun libre, nous évitons les conflits et nous assurons la paix publique... Je me résume et je vous dis en deux mots : vous voterez cette loi. Vous voterez l'obligation ; nous vous le demandons au nom de l'intérêt de 600,000 enfants négligés et qui ne savent rien ; nous vous le demandons au nom de l'intérêt de la France, au nom de la patrie, pour qui ce solde d'ignorants est un danger continuel. Nous vous le demandons au nom de sa fortune, de sa richesse, de sa moralité. Vous voterez la laïcité ; nous vous le demandons au nom de la liberté de conscience et de la dignité de l'instituteur, au nom de la liberté de conscience du père de famille, au nom de la liberté de conscience de l'enfant. Vous la voterez ; et si quelqu'un vient vous dire que ce sont là rêveries révolutionnaires, que ce sont là menaces à la liberté, menaces contre la religion, vous répondrez que ces dispositions sont depuis longtemps inscrites au code des nations à la fois les plus conservatrices, les plus libres et les plus religieuses. »

M. Jules Ferry, de son côté, défendit ainsi l'obligation :

« Est-ce qu'il ne s'agit que de dépenser de l'argent ? Est-ce qu'il ne s'agit que de bâtir des écoles ? Non, et voici le vrai problème : Ma conviction raisonnée, fondée sur des faits, sur des statistiques, c'est que si vous ne votez pas le principe de l'obligation, non seulement de l'obligation morale, mais de l'obligation légale et sociale, en vain prodiguerez-vous avec cette générosité qui vous honore les trésors de la France, en vain ferez-vous sortir de terre des écoles, en vain leur donnerez-vous l'air et la lumière, en vain améliorerez-vous le matériel et les locaux, en vain augmenterez-vous le personnel des maîtres : si vous ne votez pas l'obligation, vous resterez à peu près stationnaires. »

4. La neutralité de l'école.

Dans son rapport au Sénat, M. Ribière a éloquemment défendu le principe de la neutralité confessionnelle :

« La composition du programme obligatoire soulevait une question politique et sociale dont aucune autre ne dépasse l'intérêt et l'importance, c'est la question de la liberté des consciences. L'école primaire, quelle qu'elle soit, publique, privée, ou familiale, n'est pas seulement une instruction, elle est aussi une éducation. A ce dernier titre, elle doit à l'enfant l'enseignement moral.

» Mais quelles seront les bases de cet enseignement ? Appuiera-t-on ses notions et ses principes sur l'intelligence, sur la raison et sur la conscience ? Lui donnera-t-on pour soutien les affirmations et les dogmes divers des religions positives et confessionnelles ? En d'autres termes, inscrira-t-on, en tête du programme, comme le portait la loi de 1850, l'instruction morale et religieuse, ne donnera-t-on le caractère obligatoire, comme le propose la loi nouvelle, qu'à l'instruction morale et civique ? En d'autres termes encore, l'école sera-t-elle neutre ou laïque, ou bien continuera-t-elle d'être confessionnelle ? Hâtons-nous de faire une remarque essentielle : il est bien entendu que dans l'école privée, et à plus forte raison dans l'intérieur de la famille, l'enseignement pourra s'appliquer en toute liberté à des sujets non compris au programme obligatoire, notamment à l'instruction religieuse, quels qu'en soient l'objet et le caractère. La question n'intéresse donc que l'école publique ; c'est elle seule qui supprime de son programme l'instruction religieuse, sauf aux enfants qui la fréquentent à recevoir cette instruction par les soins de leurs parents eux-mêmes, ou, au gré de ceux-ci, par les soins des représentants des différents cultes, dans des conditions qui réservent et maintiennent la neutralité de l'école.

» La sécularisation de l'école, ou, si l'on veut, la laïcisation du programme, apparaît d'abord comme une conséquence forcée du système de l'obligation. Sous l'empire de la loi de 1850, le père de famille, libre de donner ou de ne pas donner à ses enfants l'instruction primaire, pouvait, à la rigueur, les soustraire à un enseignement confessionnel et dogmatique en opposition avec ses idées religieuses ou ses sentiments intimes; avec la loi projetée, un très grand nombre de pères de famille devront, en fait, envoyer leurs enfants à l'école publique ; il est donc nécessaire que cette école n'ait à aucun degré le caractère d'école confessionnelle. Autrement, que deviendraient la liberté et le respect qui sont dus à toutes les opinions, philosophiques ou religieuses, des pères de famille, à celles qui pourront être, dans un âge plus avancé, adoptées par les enfants eux-mêmes, à celles des instituteurs pour lesquels, comme pour tous, le choix d'une fonction ou d'un état doit rester indépendant du choix d'une doctrine ou d'un culte religieux ?

» Qu'on ne prétende pas d'ailleurs que cet enseignement, en ce qui concerne le rôle de l'instituteur, était donné dans des proportions si modestes qu'il ne pouvait causer aucune inquiétude aux pères de famille dont les opinions étaient différentes ; le droit de surveillance et d'inspection, exercé par les ministres des différents cultes, en était la conséquence obligée ; l'influence ecclésiastique tendait à prévaloir sur l'influence pédagogique ; et l'école elle-même se prêtait à ce mélange, ou tout au moins à cette juxtaposition de doctrines confessionnelles en désaccord entre elles, en désaccord avec les doctrines philosophiques ; de là pouvait naître ce germe de doute et de division dont il est sage de préserver, au moins dans les écoles publiques, l'esprit des jeunes enfants. » .....

« L'école primaire ouverte à tous, ne devant dépendre d'aucune secte, d'aucune doctrine confessionnelle, ne devant être ni religieuse, ni antireligieuse, doit être, par conséquent, l'école sécularisée, l'école neutre, l'école laïque.

» Posée sur ce terrain, la question de laïcisation est même indépendante de la question d'obligation. Avec l'obligation, l'enseignement confessionnel peut être une injustice et une oppression ; sans l'obligation, cet enseignement, dans l'école publique, est encore une inconséquence et une contradiction. Nous n'avons plus en France de religion d'Etat ; il est vrai que trois cultes sont reconnus par les lois et rémunérés par le Trésor public, mais ils le sont comme manifestation religieuse, et non pas comme organisme légal et nécessaire de l'instruction publique. Chez nous, la sécularisation de l'Etat est un droit constitutionnel et un fait national ; et ce principe n'est que la conséquence d'un fait indéniable, le progrès incessant, nécessaire, providentiel des individus et des sociétés dans l'esprit de libre recherche, de libre examen, de libre détermination. »

5. Peut-on admettre l'enseignement religieux dans l'école ?

Nous citerons encore l'extrait suivant du rapport déposé par M. Ribière, lors du retour au Sénat de la loi telle que la Chambre l'avait votée tout d'abord, sans les modifications que le Sénat y avait apportées :

« La Chambre a maintenu sa rédaction primitive. La loi qui déclare que l'instruction primaire est obligatoire doit, par respect pour la liberté de conscience, séparer complètement l'enseignement laïque de l'enseignement religieux ; elle doit éviter avec soin tout ce qui pourrait être, au détriment de l'un ou de l'autre, une cause d'empiètement et de confusion. A chacun d'eux sa place et son domaine respectés. L'enseignement religieux pourra être donné dans les familles, dans les écoles privées, dans les églises et dans les temples ; il y trouvera pour maîtres et pour directeurs incontestés les ministres des différents cultes qui se partagent les croyances des fidèles. L'enseignement laïque pourra être donné dans les familles, dans les écoles privées ; il sera nécessairement, et à l'exclusion de l'enseignement religieux, donné dans les écoles publiques. Mais quels sont ses conditions et son caractère essentiel ? C'est d'avoir pour unique programme, au point de vue de la science, ces notions élémentaires qui sont toujours accessibles à l'intelligence des enfants ; au point de vue de l'éducation et de la morale, ces notions de bien et de mal, de justice et de vérité que la raison comprend sans effort et que la conscience accepte sans contradiction et sans murmure. Lorsque, en dehors de l'enseignement de la morale qui comprend déjà dans ses programmes les rapports de la créature avec le créateur, vous exigez de l'instituteur qu'il enseigne les devoirs envers Dieu, comme vous voulez aussi qu'en dehors de l'instruction civique il enseigne les devoirs envers la patrie, prenez garde de l'engager, peut-être même de l'obliger à pénétrer témérairement dans le domaine des religions positives, et cela, sans autorité, sans règle, suivant ses idées, ses opinions personnelles, sans l'assentiment des familles, en conformité avec les croyances des unes, en désaccord avec les croyances des autres. N'est-ce pas faire, comme on l'a dit, de nos maîtres modestes des prêtres laïques ou des philosophes dissertant sur la nature et les attributs de la divinité ? On ne peut méconnaître ce qu'il y a d'obscur et d'équivoque dans la double formule repoussée par la Chambre des députés. Des esprits méfiants craignent que l'enseignement de la morale, par des entraînements successifs, ne devienne un jour exclusif de l'enseignement des devoirs envers Dieu, et ils voudraient prendre leurs précautions. Croient-ils, dans l'hypothèse qu'ils imaginent, que leurs précautions seraient suffisantes ? Quoi qu'il en soit, ils doivent à leur tour comprendre la défiance de tous ceux qui ne voient dans ces formules que le moyen d'éluder la loi en ramenant lentement, mais sûrement, dans l'école elle-même les influences dont on a voulu l'affranchir. En reprenant la rédaction primitive de l'article 1er, la Chambre des députés a donc voulu, comme l'énonce le rapport de sa commission, « éviter toute déclaration d'athéisme ou de déisme d'Etat » et maintenir avec fermeté le principe de la neutralisation absolue de l'école. »

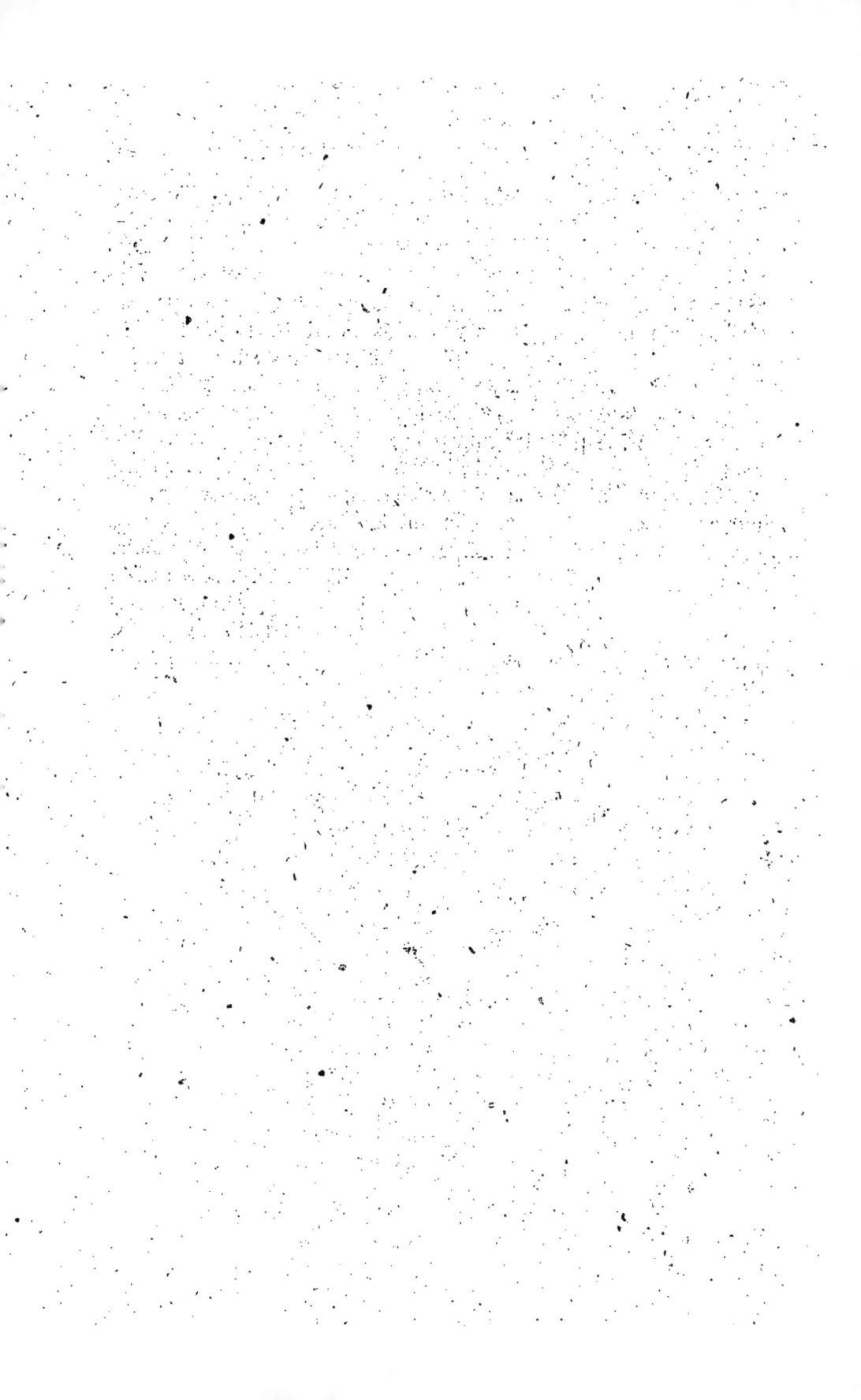

COMMENTAIRE DE LA LOI

ARTICLE PAR ARTICLE

ARTICLE Ier.

Programme de l'Enseignement primaire.

L'enseignement primaire comprend :

L'instruction morale et civique ;

La lecture et l'écriture ;

La langue et les éléments de la littérature française;

La géographie, particulièrement celle de la France ;

L'histoire, particulièrement celle de la France jusqu'à nos jours ;

Quelques notions usuelles de droit et d'économie politique ;

Les éléments des sciences naturelles, physiques et mathématiques ; leurs applications à l'agriculture, à l'hygiène, aux arts industriels, travaux manuels et l'usage des outils des principaux métiers :

Les éléments du dessin, du modelage et de la musique ;

La gymnastique ;

Pour les garçons, les exercices militaires ;

Pour les filles, les travaux à l'aiguille.

L'article 23 de la loi du 15 mars 1850 est abrogé (1).

1. But du programme.

Tout ce qui constitue une obligation doit être nettement déterminé. Il fallait donc préciser l'étendue et le caractère de l'enseignement primaire, en d'autres termes, en arrêter le programme et définir ce minimum de connaissances exigé par la loi.

2. Le programme est-il limitatif ?

Le programme contenu dans cet article est-il limitatif? Est-ce un minimum ?

_____

(1) Art. 23 de la loi du 15 mars 1850. — L'enseignement primaire comprend :

L'instruction morale et religieuse. — La lecture. — L'écriture — Les éléments de la langue française. — Le calcul et le système légal des poids et mesures.

Il peut comprendre en outre :

L'arithmétique appliquée aux opérations pratiques. — Les éléments de l'histoire et de la géographie. — Des notions des sciences physiques, de l'histoire naturelle, applicables aux usages de la vie. — Des instructions élémentaires sur l'agriculture, l'industrie et l'hygiène. — L'arpentage, le nivellement, le dessin linéaire. — Le chant et la gymnastique.

Voici, à ce sujet, les explications échangées à la Chambre :

M. Lorois. « Ce que je demande, c'est si l'on ne pourra pas enseigner dans les écoles primaires autre chose que ce qui est indiqué dans le programme. Je désirerais que M. le rapporteur voulût bien nous dire si le texte qui est soumis à nos votes est un texte limitatif, interdisant d'enseigner autre chose en dehors du programme qu'il contient, ou si, au contraire, ce texte ne fait qu'indiquer un minimum de ce qui devra être enseigné dans les écoles primaires. »

M. Paul Bert, rapporteur. « Oui, parfaitement, c'est un minimum. »

M. Lorois. « Alors ce n'est pas un texte limitatif, c'est un texte indiquant simplement un minimum. Si c'était un texte limitatif, ce ne serait pas un minimum, mais un maximum. La seule question est donc celle de savoir si l'on pourra enseigner autre chose que ce qui est porté dans le premier article du projet de loi. Quand il s'agit d'un règlement, on peut le modifier, mais quand il s'agit d'une loi, on ne peut aller au delà. Ainsi, par exemple, pourrait-on enseigner l'horticulture qui n'est pas indiquée ? »

M. Jules Ferry. « On indique l'agriculture, cela comprend tout.»

M. Paul Bert. « L'article 1er qui vous est soumis doit être substitué à l'article 23 de la loi du 15 mai 1850 : il diffère de l'article primitif par une énumération plus complète et par la réunion des matières d'enseignement qui avaient été divisées en matières obligatoires et en matières facultatives. L'article 1er du projet de loi, tel qu'il est actuellement soumis aux délibérations de la Chambre, contient un programme d'enseignement qui est un maximum en ce sens qu'on n'y peut rien ajouter, et un minimum dans une certaine mesure, en ce sens que, dans l'enseignement primaire, toutes les matières d'enseignement sont obligatoires, excepté les matières religieuses qui, par l'article 2, restent facultatives dans les écoles privées. C'est donc le programme de l'enseignement primaire, purement et simplement. »

3. *Comparaison du nouveau programme avec le programme ancien.*

On a pu, plus haut, comparer aisément les deux programmes, puisque nous avons donné le texte de l'article 23 de la loi de 1850.

Le simple examen de ces deux articles suffit pour faire voir les progrès réalisés et les modifications apportées par notre article 1er.

4. Enseignement de l'instruction morale et civique.

Au sujet de l'*instruction morale et civique*, on lira avec intérêt les explications suivantes de M. Ribière :

« La question doit être précisée. En dehors de l'école, les parents et les ministres des cultes donneront aux enfants, suivant leurs désirs et leurs convictions, une instruction qui pourra être à la fois morale, religieuse et confessionnelle. Par conséquent, cette instruction se fondera, autant qu'ils le jugeront nécessaire, sur l'étude, sur la connaissance, sur les affirmations et les dogmes de la religion positive à laquelle ils auront donné toute leur foi et tout leur respect. Mais, quel que soit le dogme qu'ils aient adopté et dont ils proposent, nous ne disons pas dont ils imposent, l'adoption à l'esprit encore si tendre de l'écolier, il est absolument vrai de dire que les uns et les autres, quoique ayant suivi des courants divers, ont puisé les éléments de leurs croyances et de leurs convictions à une source commune à tous, qui est l'intelligence, la raison, la conscience, les sentiments intimes du libre arbitre et de la responsabilité personnelle. Eh bien ! n'est-ce pas de là que découle tout naturellement un cours, à la portée des enfants, d'instruction morale et civique? Par la discussion de loi sur l'enseignement secondaire des jeunes filles, par les travaux préparatoires du conseil supérieur de l'instruction publique sur le programme d'un cours d'instruction morale et civique dans les écoles normales primaires, nous pouvons nous faire une juste idée, au point de vue de la loi et de la pédagogie, de la composition de ce programme mis à la portée des écoles primaires elles-mêmes.

» Les devoirs envers soi-même, envers la famille, envers la société et la patrie ; les notions des droits et des devoirs du citoyen ; les idées de liberté, de justice et de fraternité ; le sentiment du vrai, du bien et du beau ; l'étude des facultés de l'esprit si souvent dominées par les faiblesses du caractère et du cœur ; les préoccupations invincibles du sort réservé à l'homme ; cette espérance philosophique ou religieuse que l'homme s'achemine et monte vers des destinées meilleures en raison du bien qu'il accomplit ; les devoirs envers Dieu : voilà les traits principaux de la morale que l'Etat se propose d'enseigner dans ses écoles, morale qu'on appelle laïque, parce qu'elle ne doit être ni ecclésiastique ni confessionnelle. Avec ces notions fondamentales, qu'un programme réglementaire précisera et développera, que la leçon de chaque jour, la leçon d'histoire surtout, pourra rendre saisissantes, l'Etat, qui assure à tous la liberté de conscience et qui garde la neutralité, se réserve d'enseigner ces millions d'enfants fréquentant ses écoles, en tout ce qui peut les unir, en rien de ce qui peut les diviser. Il est dans son rôle. Certainement ce n'est pas chose impie de croire qu'il y a une morale commune à tous les peuples, basée sur la raison naturelle, immuable dans ses solutions, ni servante ni ennemie des religions positives, et qui n'a pas besoin de s'appeler une science pour être, au milieu des hommes de bonne volonté, une lumière et un bienfait. N'est-ce pas à mesure que la notion de cette morale se propageait et s'affermissait, que les hommes, devenant et se sentant plus maîtres d'eux-mêmes, cherchant et trouvant dans leur conscience la règle, la direction dont ils avaient besoin pour toutes les affaires de la vie, ont apporté moins d'acharnement et moins de violence à défendre, à propager, à imposer aux dissidents leurs croyances dogmatiques ? Et c'est alors que les horribles luttes de religion se sont peu à peu apaisées, c'est alors qu'on a entendu ce cri, si profondément humain, de tolérance et de liberté. »

M. le Ministre de l'Instruction publique a eu l'occasion également de s'expliquer.

« Qu'est-ce qu'on nous demande ? La définition de l'instruction civique ? comme si c'était une nouveauté ! J'ai établi dans la première délibération combien inoffensive était cette nouveauté et en même temps combien elle était nécessaire. J'ai montré au Sénat qu'il ne s'agit là d'aucune entreprise contre la conscience politique des familles, mais d'une tentative, qu'on peut trouver bien tardive dans notre pays de suffrage universel, en vue de commencer dès le jeune âge l'éducation du futur électeur, ou du futur citoyen, c'est la même chose. C'est, en effet, un futur électeur, parce que c'est un futur citoyen, et je trouve légitime, comme j'ai déjà eu l'honneur de le dire, je trouve d'une politique essentiellement conservatrice de ne pas laisser cette masse d'enfants, de jeunes intelligences pour lesquelles toute l'alimentation intellectuelle est restreinte à la période scolaire, souvent à une mince partie de la période scolaire, de ne pas les laisser sans notions sur la Patrie, sans notions sur le Gouvernement, sans notions sur la Constitution, sans notions sur la société.

» Ce n'est pas une réponse, c'est une déclaration que je vous apporte ; déclaration superflue, car je l'ai faite dans la dernière délibération, et je n'ai ici qu'à la renouveler. Le Gouvernement entend par instruction civique un ensemble de notions descriptives de nos institutions. Il croit que, dans un pays de suffrage universel, les principes du droit civique donnés sous cette forme élémentaire font partie des matières obligatoires de l'enseignement primaire. Mais le Gouvernement s'opposera toujours à ce que, sous prétexte d'instruction civique, cet enseignement dégénère dans l'école en polémiques de partis. Les écoles ne doivent servir d'abri ni de refuge à l'esprit de parti ; elles doivent, dès l'enfance, préparer l'accord des citoyens sous le régime de la Révolution française, dont on ne saurait porter trop haut le respect, et de la République, qui en est le couronnement définitif et nécessaire. »

5. *Enseignement de la morale.*

Cet enseignement pourrait, en vertu d'un arrêté ministériel, faire l'objet d'un cours réglementé. Mais ce n'est point là ce que voulait le ministre, ce n'est pas ainsi qu'il comprenait cet enseignement.

Voici à ce sujet les paroles de M. Jules Ferry.

« Nous disons que l'instituteur, non dans des leçons *ex-professo* — il n'y en a pas et il ne peut pas y en avoir à l'école primaire sur la morale — mais dans l'intimité quotidienne du maître et de l'élève, dans les plus simples devoirs, dans les conversations qui se tiennent à l'école et hors de l'école, dans les récréations scientifiques, dans les promenades géologiques, dans tous ces petits exercices à la fois hygiéniques pour le corps et salutaires pour l'esprit, que nous cherchons à développer, à faire entrer dans la pratique des écoles primaires, nous disons, que l'instituteur enseignera quoi? Une théorie sur le fondement de la morale? Jamais, messieurs, mais la bonne vieille morale de nos pères... »

« Qu'est-ce qu'on a dit dans le congrès des instituteurs, sur la morale? On a dit une chose parfaitement juste; on a posé, en principe, à une très grande majorité, que l'enseignement moral devait être séparé de l'enseignement confessionnel... Ensuite, on s'est expliqué sur la nature et sur le caractère de cet enseignement moral; et, à ce sujet, qu'est-ce que je trouve dans tous ces cahiers? La réponse même de l'expérience. A-t-on demandé un enseignement moral philosophique, touchant en quoi que ce soit aux fondements de la morale, un enseignement organisé en leçons morales dans l'école primaire? Jamais, jamais! Nous n'y songeons pas, et les instituteurs n'y songent pas. Qu'est-ce qu'ils disent? Ils disent — je prends une formule quelconque au hasard — « que l'enseignement moral soit indépendant de l'enseignement confessionnel; qu'il se rattache à toutes les leçons de la classe élémentaire sans former un cours spécial ». Ce sont les résolutions finales du congrès... Ainsi, je cite la formule — « A l'unanimité, les sections veulent que l'enseignement moral découle de toutes les leçons données dans l'école et des circonstances extérieures. »

6. L'éducation civique.

Nous croyons devoir citer encore sur ce point du programme une belle définition de M. Paul Bert :

« L'éducation civique c'est la préparation du citoyen complet. Or, celui-là seul mérite ce titre qui connaît et respecte les lois et les institutions que son pays s'est librement données; celui-là seul mérite ce titre qui est prêt à défendre au péril de sa vie l'honneur de sa patrie, sa liberté intérieure et l'intégrité de ses frontières. »

7. *L'éducation militaire.*

« On a dit déjà et on dira encore que notre tâche tend à ramener au militarisme, cette espèce d'automatisme du corps et de l'esprit tant admiré par les grands exploiteurs d'hommes.

» C'est là une erreur profonde : l'éducation militaire, au contraire, est la plus sûre protection contre le militarisme. Elle développe non les tendances serviles, mais les qualités de l'homme vraiment libre, car la liberté n'est pas troublée, ni entravée, mais bien assurée et consacrée par l'obéissance à la règle, à la loi.

» Non, l'éducation militaire telle que nous l'entendons, ne prépare pas de prétoriens. Elle formera des citoyens prêts au suprême sacrifice, pour la liberté et pour la patrie, et qui, quoi que l'avenir leur réserve, auront appris que les efforts doivent grandir avec les devoirs. »

(Discours de M. J. Ferry à la Fête des sociétés de gymnastique.)

« La nation ruinée, mutilée, saignée d'hommes et d'argent, a donné son dernier écu pour se procurer une armée, et pendant un temps, on a pu penser qu'elle n'avait d'autre souci que de venger son injure. Elle a fait appel à tous ses enfants ; elle a effacé des divisions odieuses, elle a imposé à tous le même risque, ce qui est légitime, puisqu'ils ont tous le même droit.

» Pourquoi n'a-t-on pas pensé alors que ce soldat citoyen c'était dès l'école qu'il fallait le préparer ? Comment ? Vous le savez bien : la plupart de nos paysans conscrits arrivent au régiment gauches, maladroits, lourds de corps et parfois d'esprit, sans tenue, n'ayant jamais eu une épée en main, trop souvent sans avoir jamais tiré un coup de fusil ; il faut à grand'peine leur apprendre pendant deux années ce que, tout enfants, ils eussent appris avec tant de plaisir ; bien heureux quand la corvée, les punitions, la théorie

sèche, ne leur font pas prendre en haine le métier militaire. »

(Discours de M. P. Bert, le 6 août 1882.)

8. Bataillons scolaires.

La gymnastique, outre les évolutions et les exercices sur
place qui peuvent accompagner les mouvements de classe,
occupera tous les jours ou au moins tous les deux jours
une séance dans le courant de l'après-midi.

En outre, dans les communes où les bataillons scolaires
sont constitués, les exercices de bataillon ne pourront avoir
lieu que le jeudi et le dimanche ; le temps à y consacrer
sera déterminé par l'instructeur militaire de concert avec le
directeur de l'école.

(Arrêté du 27 juillet 1882.)

9. Enseignement de la gymnastique.

La gymnastique a été rendue obligatoire dans les écoles
par la loi du 27 janvier 1880, due à l'initiative de M. George,
sénateur. Cette loi, d'apparence si modeste, devait rendre
les plus grands services à la patrie.

La loi du 27 janvier 1880 accordait au ministre un délai
de deux ans pour préparer l'organisation de l'enseignement
nouveau.

Le ministère a fait don à un grand nombre d'écoles des
appareils et agrès destinés au gymnase scolaire ; il a publié
et distribué à toutes les écoles un manuel pour l'enseignement de la gymnastique et des exercices militaires, et un
manuel spécial pour les jeunes filles.

Le ministère a pu également distribuer aux écoles un
certain nombre de fusils destinés à l'exercice du tir.

Il a affecté sur son budget un crédit destiné à récompen-
ser les instituteurs qui auront organisé avec le plus de succès l'enseignement gymnastique et militaire dans leur école.

Tout canton dans lequel les écoles publiques de garçons
recevront un enseignement régulier de la gymnastique, des
exercices militaires et du tir, recevra, à l'occasion de la fête
nationale du 14 juillet, un drapeau donné à titre de récompense par le Ministre de l'Instruction publique.

Ce drapeau des écoles sera confié chaque année à celle
des écoles publiques du canton qui, dans son ensemble,
aura obtenu les meilleures notes soit pour les exercices
faits à l'école, soit dans les concours cantonaux de gymnastique, de marches militaires et de tir qui seront ultérieurement organisés.

(Circ. min. inst. pub., 21 mars 1882.)

10. *Application du programme. — Plan d'études.*

On trouvera à la fin du volume le texte intégral de l'im-
portant arrêté du 27 juillet 1882, portant règlement de l'organisation pédagogique et contenant le plan d'études des
écoles primaires publiques.

L'article 16 de cet arrêté règle, au point de vue pédagogique, l'application du programme contenu en l'article 1er
de la loi du 28 mars.

ARTICLE II.

Enseignement religieux.

Les écoles primaires publiques vaqueront un jour par semaine, en outre du dimanche, afin de permettre aux parents de faire donner, s'ils le désirent, à leurs enfants, l'instruction religieuse, en dehors des édifices scolaires.

L'enseignement religieux est facultatif dans les écoles privées.

1. L'instituteur peut-il donner l'enseignement religieux ?

Si l'instituteur public consent à donner lui-même l'enseignement religieux aux élèves, *ce ne peut être qu'en dehors des édifices scolaires.*

2. Devoirs de l'instituteur hors de l'école.

« Hors de l'école, l'instituteur n'a plus de devoirs professionnels à remplir. Nul ne lui interdit, mais nul ne peut lui prescrire l'assistance aux offices, la conduite et la surveillance des élèves à l'église et tous les services accessoires que les anciens règlements lui imposaient explicitement ou implicitement. Il reste un cas particulier où l'instituteur conserve nécessairement devant la loi la responsabilité des enfants et, par conséquent est tenu de les surveiller ou les faire surveiller : lorsque les élèves ne sont pas rendus à leurs familles entre les deux classes et demeurent sous sa garde, c'est lui qui en répond pendant cet intervalle, soit qu'ils restent à l'école, en récréation, soit qu'ils en sortent pour aller au catéchisme. En envoyant ces enfants seuls à l'église, en les exposant sans surveillance, aux dangers de la rue, l'instituteur engagerait sa responsabilité civile; aucun règlement universitaire ne saurait l'y soustraire.

» Le conseil supérieur a cru prudent de le lui rappeler par une disposition précise. Ce n'est point une exception à la règle générale qui garantit la liberté de conscience de l'instituteur, c'est une obligation résultant de ses fonctions mêmes, de son rôle d'éducateur, et de l'espèce de tutelle que les parents lui délèguent pendant les heures où ils lui remettent leur enfant. » (*Circul. minist.*, 1er février 1881).

3. *Exercices religieux.*

Les enfants ne pourront, sous aucun prétexte, être détournés de leurs études pendant la durée des classes.

Ils ne seront envoyés à l'église pour les catéchismes et pour les exercices religieux qu'en dehors des heures de classe. L'instituteur n'est pas tenu de les y surveiller. Il n'est pas tenu davantage de les y conduire, sauf le cas prévu au § 3 de l'article 7 ci-après (1).

Toutefois, pendant la semaine qui précède la première communion, l'instituteur autorisera les élèves à quitter l'école aux heures où leurs devoirs religieux les appellent à l'église. (*Arrêté* du 18 juillet 1882.)

4. *Vacance un jour par semaine.*

D'après les règlements, ce jour de vacances était le jeudi.

---

(1) Ce paragraphe est ainsi conçu :

« Les enfants qui ne sont pas rendus à leur famille dans l'intervalle des classes demeurent sous la surveillance de l'instituteur jusqu'à l'heure où ils quittent définitivement la maison d'école. »

Ce n'est pas là une innovation; l'usage d'un jour de congé par semaine était établi depuis longtemps dans notre régime scolaire.

Cette journée pouvait être consacrée aux exercices et aux promenades si les parents y consentaient; ce que voulaient les règlements, c'était que l'esprit de l'enfant reposât le jeudi et le dimanche, c'était aussi ne pas le dégoûter par un travail trop soutenu et sans interruption.

Il en est encore de même maintenant. Seulement, le règlement-modèle ne fixe plus le jour de congé hebdomadaire; cela permet de le choisir de sorte à faciliter pour le grand nombre l'exercice du culte. Pour ne citer qu'un exemple, les Israélites préféreront le samedi.

5. *L'enseignement religieux hors du local scolaire.*

Comment l'enseignement religieux sera-t-il donné aux élèves? Pourra-t-il l'être dans le local scolaire?

Sur ce point, le Sénat avait adopté un article ainsi conçu :

« Les écoles primaires publiques vaqueront un jour par semaine, en outre du dimanche, afin de permettre aux parents de faire donner, s'ils le désirent, à leurs enfants, l'instruction religieuse.

» Sur la demande des parents, le conseil départemental pourra autoriser les ministres des différents cultes ou leurs délégués à donner l'instruction religieuse dans les locaux scolaires le dimanche, les autres jours de vacances et une fois par semaine à l'issue de la classe du soir.

» Cette autorisation ne sera donnée par le conseil départemental que dans le cas où les enfants ne pourraient pas sans inconvénient être réunis dans les édifices religieux.

» Elle pourra toujours être retirée par le conseil départemental.»

Mais la Chambre s'opposa à ce que l'enseignement religieux pût être donné dans l'école. Nous citons le rapport de M. Paul Bert, en ce qui touche cette question :

« Plus on réfléchit sur ces graves questions, plus on reconnaît qu'il importe, dans l'intérêt des études et de la paix publique, de séparer absolument l'école de l'Eglise, l'instituteur du prêtre. Cette nécessité s'imposera encore plus après le vote d'une loi qui, supprimant l'enseignement religieux du programme général, et en déchargeant l'instituteur, sera nécessairement bien vue de celui-ci et mal vue du prêtre, à qui à la fois elle donne un surcroît de travail et à qui elle enlève l'autorité dont il disposait légalement. De là des récriminations et une acuité plus grande aux causes générales et permanentes de froissement qui existeront entre ces deux fonctionnaires. Les considérations d'ordre élevé, comme l'examen des plus minutieux détails matériels d'exécution, concourent à prouver que faire entrer le prêtre dans l'école, comme maître, à des moments déterminés, c'est préparer d'une part des empiètements, d'autre part des résistances ; c'est en quelque sorte organiser le conflit. D'ailleurs, en fait, que signifie la concession qu'a faite le Sénat à l'enseignement religieux ? Elle autorise le prêtre à venir dans l'école le dimanche et les jours de vacances. Mais, le dimanche, le prêtre est retenu à l'église toute la journée, et c'est là que, tout naturellement, il donne l'enseignement religieux. Pour le jeudi, de deux choses l'une, ou bien il n'y a qu'une école communale, laquelle est alors presque toujours voisine de l'église, et, pour le prêtre, comme pour les enfants, il est bien plus commode de prendre l'édifice religieux comme lieu d'enseignement ; ou bien il y a des écoles de hameau, et il est peu vraisemblable que le prêtre puisse parcourir les hameaux, à jour et à heures fixes, à toutes les époques de l'année. Sans doute, cette dernière objection a été prévue par le Sénat, car l'article 2 autorise l'entrée dans l'école du ministre du culte ou « de son délégué ». Mais ceci est absolument inadmissible ; car ce délégué peut être ici l'instituteur lui-même, qui n'aura pas osé refuser la proposition que lui aura faite le curé et se replacera ainsi sous le joug que vous avez voulu briser ; ailleurs, un congréganiste rival et ennemi de l'instituteur public. Est-ce bien la peine de déclarer que le prêtre n'aurait plus aucune autorité dans l'école, pour ensuite en accorder l'entrée à son délégué ? Nous vous proposons donc de vous en tenir au 1er paragraphe de la rédaction du Sénat, en y ajoutant, par une mention ferme et nette, que l'enseignement religieux devra être donné en dehors des édifices scolaires. »

ARTICLE III.

Suppression du droit d'inspection des ministres des cultes.

Sont abrogées les dispositions des articles 18 et 44 de la loi du 15 mars 1850 (1), en ce qu'elles

---

(1) Article 18. — L'inspection des établissements d'instruction publique ou libre est exercée :

1° Par les inspecteurs généraux et supérieurs ;

2° Par les recteurs et les inspecteurs d'académie ;

3° Par les inspecteurs de l'enseignement primaire ;

4° Par les délégués cantonaux, le maire et le curé, le pasteur ou le délégué du Consistoire israélite, en ce qui concerne l'enseignement primaire.

Les ministres des différents cultes n'inspecteront que les écoles spéciales à leur culte ou les écoles mixtes pour leurs coreligionnaires seulement.

Le recteur pourra, en cas d'empêchement, déléguer temporairement l'inspection à un membre du Conseil académique.

Article 44. — Les autorités locales préposées à la surveillance et à la direction morale de l'enseignement primaire sont, pour chaque école, le maire, le curé, le pasteur ou le délégué du culte israélite, et, dans les communes de deux mille âmes et au-dessus, un ou plusieurs habitants de la commune délégués par le Conseil académique.

Les ministres des différents cultes sont spécialement chargés de surveiller l'enseignement religieux de l'école.

L'entrée de l'école leur est toujours ouverte.

Dans les communes où il existe des écoles mixtes, un ministre de chaque culte aura toujours l'entrée de l'école pour veiller à l'éducation religieuse des enfants de son culte.

Lorsqu'il y a pour chaque culte des écoles séparées, les enfants d'un culte ne doivent être admis dans l'école d'un autre culte que sur la volonté formellement exprimée par les parents.

donnent aux ministres des cultes un droit d'inspection, de surveillance et de direction dans les écoles primaires publiques et privées et dans les salles d'asile, ainsi que le paragraphe 2 de l'article 31 de la même loi, qui donne aux consistoires le droit de présentation pour les instituteurs appartenant aux cultes non catholiques (1).

1. *Conséquence de la suppression de l'enseignement religieux.*

Le principe ayant été adopté, l'enseignement religieux disparaissant du programme, restait à en appliquer les conséquences et l'article 3 le fait d'une façon catégorique.

Cependant on voit qu'une distinction a été faite entre le culte catholique et le culte protestant, quant au droit de présentation. Nous résumons brièvement les explications données à ce sujet par M. Ribière, dans son rapport.

2. *Droit de présentation.*

« Les congrégations catholiques conservent leur droit de présentation. Il faut s'expliquer le sens exact de la loi.

» Constatons un fait. Une commune a demandé et obtenu que son école fût dirigée par un instituteur appartenant à une congrégation religieuse. Il faut donc choisir et nommer un membre de cette congrégation ; la nomination sera faite par le préfet. Mais le choix, comment se fera-t-il ? Il ne peut, en réalité, avoir lieu que sur la présentation du supérieur de la congrégation. La loi de 1850 avait donc deux

---

(1) Paragraphe 2 de l'article 31. — Les consistoires jouissent du droit de présentation pour les instituteurs appartenant aux cultes non catholiques.

motifs pour accorder ce droit de présentation : 1º le caractère confessionnel de l'école ; 2º un fait, une nécessité qui
s'imposait. Aujourd'hui, le premier motif disparaît, mais
le second subsiste, et il a semblé suffisant à la Chambre et à votre commission. Si les protestants avaient
des établissements congréganistes auxquels une commune
voulût emprunter un instituteur, leur droit serait le même.
Mais ils n'ont pas d'établissements de ce genre, et ils ne
peuvent plus avoir d'écoles confessionnelles. On ne peut
donc plus comprendre ni justifier un droit de présentation
au profit de leurs consistoires. »

D'ailleurs le rapport de M. Ribière démontre que, faute
d'entente, les protestants en étaient arrivés eux-mêmes à
renoncer à ce droit de présentation que la pratique leur
rendait impossible.

3. *Droit d'entrée des représentants des cultes.*

Il est bien entendu, maintenant, que, *sous aucun prétexte*, le représentant d'un culte n'a droit d'entrée dans
l'école.

Nous allons même plus loin : il y a une défense imposée
à l'instituteur de laisser pénétrer dans l'école les personnes
autres que celles qui ont droit de surveillance sur l'école
(*arrêté du 6 janvier* 1881, *antérieur* à la loi actuelle, et arrêté conforme du 18 juillet 1882).

Cette disposition est applicable aux représentants des
cultes, à qui l'école est désormais fermée d'une façon
absolue.

4. *Emblèmes religieux.*

Les écoles publiques étant, de par notre loi, absolument
laïques, il s'ensuit qu'aucun emblème religieux ne doit figurer dans l'école.

Ce serait une inconséquence que proclamer *laïque* l'école

publique et y laisser *l'emblème religieux* ; ce serait contraire à toutes les idées qui ont fait prévaloir, dans la discussion, le principe de la laïcité.

C'est d'ailleurs ce que reconnaît la circulaire suivante, du 2 novembre 1882 :

« Assurément la loi du 28 mars, prise dans sa rigueur, implique la suppression de tout ce qui donnerait ou conserverait à l'école publique un caractère confessionnel. Mais dans l'exécution de cette loi et en particulier dans les mesures d'ordre matériel qui en doivent dériver, il est naturel de distinguer celles qui s'appliquent aux écoles nouvelles et celles qui ont pour objet la modification d'installations anciennes. Dans les écoles qui s'ouvrent ou vont s'ouvrir sous le régime de la neutralité, devenu le seul légal, nul ne songera à demander l'introduction d'emblèmes religieux d'aucune nature. Quant à ceux qui se trouvaient dans des écoles anciennes, le législateur n'en a pas fait l'objet d'une prescription expresse et impérative. Le Gouvernement, à qui le silence de la loi laisse à cet égard le choix des voies et moyens d'exécution, ferait-il sagement de procéder d'urgence et par mesure générale à l'enlèvement de ces emblèmes ?

» Je vous autorise donc, monsieur le préfet, à ne prescrire l'enlèvement des emblèmes que quand et comme vous le jugerez à propos. Il ne faut pas que la rigueur de la logique, les injonctions des uns, les pétitions des autres vous forcent à prendre des mesures intempestives et vous exposent à porter le trouble dans les familles ou dans les écoles pour hâter l'exécution d'une réforme tout accessoire. Je vous donne toute latitude pour tenir compte à cet égard du vœu des populations en recourant pour le connaître à tous les moyens d'information dont vous disposez. J'ajoute, comme l'avait déjà dit mon honorable prédécesseur, que dans les cas où vous croirez devoir ordonner la suppression des emblèmes, il conviendra, à moins de raison grave, de reporter l'exécution de cette mesure à l'une des époques réglementaires des vacances et de ne jamais la laisser accomplir d'une façon qui puisse froisser la conscience ou favoriser l'agitation factice qu'on voudrait créer.

» Quant aux instituteurs et aux institutrices, je vous prie de leur adresser en mon nom une seule recommandation, mais absolument formelle. Je leur interdis de la manière la plus expresse une intervention, une initiative quelconque en cette matière. Ils s'abstiendront également soit d'établir, soit d'enlever des emblèmes *proprio motu*, soit de prendre part à des pétitions ou manifestations pour ou contre le maintien de ces objets. »

(Circulaire ministérielle du 2 novembre 1882.)

Article IV.

L'Obligation.

L'instruction primaire est obligatoire pour les enfants des deux sexes âgés de six ans révolus à treize ans révolus ; elle peut être donnée soit dans les établissements d'instruction primaire ou secondaire, soit dans les écoles publiques ou libres, soit dans les familles, par le père de famille lui-même ou par toute personne qu'il aura choisie.

Un règlement déterminera les moyens d'assurer l'instruction primaire aux enfants sourds-muets et aux aveugles.

1. *Limite de l'âge scolaire.*

Les limites d'âge fixées par cet article sont celles qu'ont admises presque tous les projets présentés depuis 1848. Elles coïncident avec l'âge scolaire déterminé en France par des règlements déjà anciens et qui ne semblent pas donner lieu à discussion.

Cependant M. Lorois a proposé de réduire l'âge scolaire : 7 ans à 11 ans cela lui semble suffisant, en présence des difficultés qu'il y a pour les pauvres des campagnes à entretenir les enfants jusqu'à 13 ans sans les faire travailler. Cette proposition a été rejetée après les observations suivantes de M. le ministre :

« Lorsque j'ai eu l'honneur d'exposer à la Chambre les motifs qui nous font tenir au principe de l'obligation, j'ai insisté particulièrement sur ce détail de notre état scolaire, à savoir, que l'immense majorité des enfants qui sont présents dans l'école, pendant un temps malheureusement trop court et trop peu régulier, ne dépasse pas l'âge de onze ans; j'ai expliqué que c'était pour étendre cet âge de la scolarité, afin de rendre la scolarité moins insuffisante, que le principe de l'obligation était nécessaire. C'est, en effet, pour arriver à la fréquentation des jeunes générations de onze à treize ans que l'article vous est soumis, et c'est une des principales dispositions du projet de loi ; quant aux tempéraments que ce projet devra recevoir dans l'application, nous pouvons nous en rapporter à la commission scolaire, qui est investie de pouvoirs très étendus. Nous n'avons pas à craindre un excès de sévérité de la part de cette commission ; nous n'avons peut-être qu'une chose à craindre, c'est qu'elle ne pousse l'indulgence un peu trop loin. Je crois donc que vous pouvez voter en toute sécurité de conscience la disposition qui vous est soumise. »

Cependant les enfants qui ont obtenu le certificat d'études primaires (art. VI) sont dispensés de fréquenter l'école.

2. L'âge doit-il correspondre avec la rentrée des classes ?

Il résulte du texte de cet article que l'envoi de l'enfant à l'école est absolument indépendant de la date de la rentrée des classes.

Il devra fréquenter l'école à dater du jour où il a 6 ans révolus, — peu importe que ce soit au milieu de l'année scolaire.

3. La vaccination obligatoire.

L'arrêté du 18 juillet 1882 (règlement des écoles primaires publiques), et celui du 2 août 1881 (règlement des écoles maternelles), portent que l'enfant pour être admis à l'école, doit avoir été vacciné, ou avoir eu la petite vérole,

— et n'être pas atteint de maladie ou d'infirmités de nature à nuire à la santé des autres enfants.

Dans ces derniers cas, aucune difficulté ne se présente : l'enfant est exempt de l'obligation scolaire, après que son état aura été reconnu.

Mais, de la première hypothèse, il semblerait résulter que la vaccination est obligatoire.

On se trouvera donc dans ce dilemme : ou bien déclarer que la vaccination est obligatoire, — ce que la loi ne prévoit pas ; ou bien dispenser de l'école l'enfant que son père refuse de faire vacciner.

Une disposition générale serait nécessaire à ce sujet.

4. Enfants sourds-muets et aveugles.

M. Jules Philippe, député, avait proposé un article additionnel ainsi conçu :

« Une loi spéciale déterminera les moyens d'assurer l'instruction primaire obligatoire aux enfants sourds-muets et aux aveugles-nés. »

Cet article a été modifié et il est devenu le § 2 de notre article 4.

Le mot « obligatoire » a été supprimé parce que les enfants dont il s'agit se trouvent dans les cas d'excuse légale ; le mot « nés » (aveugles-nés), a été supprimé sur la proposition de M. Beaussire, les aveugles qui ne sont pas atteints de cécité de naissance, ayant droit à la même protection que les autres.

M. Philippe déclarait que, dans sa pensée, l'instruction des enfants sourds-muets ou aveugles devait être obligatoire. C'est pour cette raison qu'il demandait l'élaboration d'un règlement *ad hoc*.

5. Enfants étrangers.

M. le ministre de l'Instruction publique a été consulté sur la question de savoir si la loi du 28 mars était applicable aux enfants étrangers comme une loi de police et de sûreté applicable aux termes de l'article 3 du code civil à tous ceux qui habitent le territoire de la République.

On faisait remarquer toutefois qu'il ne pouvait s'agir d'étrangers seulement de passage — et qu'il faudrait déjà que ces étrangers fussent depuis quelque temps en France et y fussent des habitants véritables, pour que la loi leur fût applicable.

Ils auraient pu, en effet, déclarer que leurs enfants recevaient l'instruction chez eux : dans ce cas, l'examen n'avait lieu qu'au bout de l'année scolaire.

Cependant l'interprétation ministérielle est que la loi du 28 mars ne doit être appliquée seulement aux parents étrangers admis à établir leur domicile en France.

Cette interprétation paraîtra à tout le monde suffisamment large, car la loi française n'avait certainement pas en vue l'instruction obligatoire des enfants étrangers.

Article V.

Commission scolaire.

Une commission municipale scolaire est instituée dans chaque commune pour surveiller et encourager la fréquentation des écoles.

Elle se compose du maire, président; d'un des délégués du canton, et, dans les communes comprenant plusieurs cantons, d'autant de délégués qu'il y a de cantons, désignés par l'Inspecteur d'Académie ; de membres désignés par le conseil municipal en nombre égal, au plus, au tiers des membres de ce conseil.

A Paris et à Lyon, il y a une commission pour chaque arrondissement municipal. Elle est présidée, à Paris, par le maire ; à Lyon, par un des adjoints ; elle est composée d'un des délégués cantonaux désigné par l'Inspecteur d'Académie, de membres désignés par le conseil municipal, au nombre de trois à sept par chaque arrondissement.

Le mandat des membres de la Commission scolaire, désignés par le conseil municipal, durera jusqu'à l'élection d'un nouveau conseil municipal.

Il sera toujours renouvelable.

L'Inspecteur primaire fait partie de droit de toutes les commissions scolaires instituées dans son ressort.

1. *Le curé fait-il partie de la commission ?*

M. de Gavardie a, par voie d'amendement, demandé de faire entrer dans la composition de la commission le curé et les ministres des cultes dissidents. M. *Ribière, rapporteur*, a répondu : « D'après la disposition même de la loi, le conseil municipal peut très bien désigner, comme membre de la commission scolaire, soit le curé de la paroisse, soit le ministre du culte dissident. Il peut également désigner, comme le demande M. de Gavardie dans son second amendement, des pères de famille. La loi permet donc au conseil municipal de désigner dans ce sens quiconque lui paraît apte à remplir la fonction de membre du comité scolaire, soit un père de famille, soit, comme le disait tout à l'heure l'honorable M. de Gavardie, un célibataire. Le conseil municipal a toute latitude. Il n'y a donc pas, en réalité, un intérêt considérable à ce que le Sénat prenne en considération l'amendement de l'honorable M. de Gavardie ; la loi est assez large pour laisser au conseil municipal toute liberté. Son intérêt sera incontestablement de désigner les personnes qu'il jugera propres à remplir les fonctions qui incombent aux membres du comité scolaire. L'amendement a été rejeté.

2. *Droit d'entrée dans l'école de la commission scolaire.*

La commission scolaire a-t-elle le droit d'entrer dans l'école ?

Dans sa circulaire du 13 juin 1882, M. le ministre nous renseigne sur ce point :

« Vous remarquerez, monsieur le Préfet, que les commissions scolaires n'ont nullement, comme on a pu le croire, un droit d'inspection et de contrôle sur les écoles. La loi du 28 mars 1882 n'a rien innové sur ce point, et, hormis le maire, l'inspecteur primaire et les délégués cantonaux et communaux, nul n'a qualité pour pénétrer dans les salles de classe. Les membres des commissions scolaires, autres que les personnes ci-dessus désignées, ne sauraient donc être admises à visiter les écoles. Les commissions exercent la surveillance spéciale dont elles sont chargées en consultant l'extrait du registre d'appel que l'instituteur est tenu d'adresser, à la fin de chaque mois, au maire ou à l'inspecteur primaire, extrait où doivent se trouver mentionnés, avec le nombre des absences constatées, les motifs invoqués et soumis à l'appréciation de la commission. »

3. *Présidence de la Commission scolaire. — Convocation.*

Circulaire à *MM. les Maires* :

« La présidence de la Commission scolaire vous est déférée. Il est bien entendu qu'en cas d'empêchement, cette présidence peut être déléguée par vous à l'un de vos adjoints.

» C'est à vous qu'il appartient de convoquer la Commission toutes les fois que sa réunion est nécessaire, et de veiller, en particulier, à ce que l'Inspecteur de l'Enseignement primaire, qui fait partie de droit de toutes les Commissions scolaires instituées dans son ressort, soit toujours averti en temps utile des réunions de la Commission. »

(*Circ. préf.*, 30 août 1882.)

4. *Présence de l'Inspecteur primaire.*

L'inspecteur primaire pourra-t-il se faire remplacer par un délégué en vertu du dernier paragraphe de l'article 2 ?

— Non, a répondu le ministre. « Le droit qui appartient à l'Inspecteur, de surveiller les opérations de la commission scolaire, est un droit personnel qui dérive de sa qualité même, et qu'il ne peut pas déléguer. »

Article VI.

Certificat d'études primaires.

Il est institué un certificat d'études primaires ; il est décerné après un examen public auquel pourront se présenter les enfants dès l'âge de onze ans.

Ceux qui, à partir de cet âge, auront obtenu le certificat d'études primaires, seront dispensés du temps de scolarité obligatoire qui leur restait à passer.

1. Fixation de l'âge pour l'examen.

Le projet soumis à la Chambre ne permettait de passer l'examen qu'à l'âge de 12 ans, et, par suite, ne dispensait l'enfant ayant satisfait à l'examen que de la dernière année de scolarité obligatoire.

« La commission propose, a dit M. le rapporteur, d'abaisser de 12 à 11 ans l'âge auquel les enfants pourront se présenter pour l'obtention du certificat d'études primaires. Les raisons sur lesquelles s'appuie la commission sont connues de la Chambre, et à cet égard son sentiment semble devoir être unanime. Le certificat d'études primaires est aujourd'hui réglé par un arrêté ; la propriété de ce titre a été déterminée d'une façon très nette ; il ne serait plus possible de se livrer à ces falsifications de diplômes qui ont donné lieu, dans ces derniers temps, à divers scandales ; aujourd'hui, elle est garantie. Il n'y a pas de raison non plus, quand l'enfant aura pu à onze ans passer l'examen, pour qu'il ne soit pas dispensé des deux dernières années de scolarité obligatoire. »

2. *Composition du jury.*

Par un décret du 27 juillet 1882, il est disposé : 1º que ledit examen aura lieu à l'expiration de chaque année scolaire ; 2º que les dispositions de l'arrêté du 16 juin 1880 pour le certificat d'études primaires élémentaires sont applicables à cet examen.

L'arrêté du 16 juin 1880 ne fixe pas la composition du jury ; il laisse aux recteurs le soin de nommer les membres des commissions cantonales, sur la proposition de l'Inspecteur d'académie.

3. *L'enfant ayant le certificat peut-il rester à l'école ?*

Si l'enfant a obtenu à onze ans le certificat d'études primaires, pourra-t-il rester cependant à l'école jusqu'à treize ans ?

On consultera sur ce point l'arrêté du 27 juillet 1882 (voir l'Appendice) ; M. le Ministre répond affirmativement à cette question, qui aurait pu se poser et embarrasser dans beaucoup de circonstances.

ARTICLE VII.

Obligation des parents.

Le père, le tuteur, la personne qui a la garde de l'enfant, le patron chez qui l'enfant est placé devra, quinze jours au moins avant l'époque de la rentrée des classes, faire savoir au maire de la commune s'il entend faire donner à l'enfant l'instruction dans la famille ou dans une école publique ou privée ; dans ces deux derniers cas, il indiquera l'école choisie.

Les familles domiciliées à proximité d'une ou plusieurs écoles publiques ont la faculté de faire inscrire leurs enfants à l'une ou l'autre de ces écoles, qu'elle soit ou non sur le territoire de leurs communes, à moins qu'elle ne compte déjà le nombre maximum d'élèves autorisé par les règlements.

En cas de contestation, et sur la demande soit du maire, soit des parents, le Conseil départemental statue en dernier ressort.

1. Nécessité de la déclaration.

Cette déclaration est nécessitée par le contrôle de la fréquentation. Il met, en outre, l'administration à même de connaître à l'avance le nombre des enfants devant fréquenter les écoles publiques et de prendre des mesures en conséquence.

2. *Déclaration collective.*

« J'ai été consulté sur la question de savoir si une déclaration collective des pères de famille d'une commune ou
section de commune pourrait tenir lieu de réponse à la demande adressée par le maire. Il est évident que chaque
déclaration doit s'appliquer à un enfant individuellement et
faire partie en quelque sorte de son dossier personnel. Dès
lors, il est impossible de dégager à la fois, en prévision de
toute éventualité ultérieure, et la responsabilité du père de
famille et celle du maire et de la commission municipale,
sans exiger qu'il reste à la mairie une trace écrite de la
déclaration relative à chaque enfant : il sera nécessaire,
plusieurs années de suite, de se reporter à cette déclaration initiale ; il est donc indispensable qu'elle subsiste, soit
sous la forme d'une réponse écrite du père de famille pour
chacun de ses enfants, soit sous celle d'inscription dans
un registre à souche dont je vous ai envoyé modèle, inscription faite par le maire après la déclaration verbale de la
famille. »

(Circ. min., 7 septembre 1882.)

3. *Simplification des formalités de déclaration.*

« Pour l'immense majorité des familles, le choix est déjà
fait longtemps avant l'époque de la rentrée, et il est dès à
présent connu des autorités compétentes, ce qui permet de
simplifier considérablement les formalités de la déclaration
exigée par l'art. 7.

» Si la famille envoie ou continue d'envoyer ses enfants à
l'école publique, l'inscription au registre de l'école dispense
de toute autre forme de déclaration.

» Si elle les confie à une école libre, l'inscription au registre de cette école, dûment communiquée à la commission
scolaire municipale, tient également lieu de déclaration.

» Quant aux parents qui veulent instruire ou faire instruire leurs enfants à domicile, ils n'ont qu'à faire connaître leur intention, pour éviter que leurs enfants ne soient considérés comme privés de moyens d'instruction.

» Afin d'épargner aux familles qui se trouveraient dans cette troisième catégorie, tout embarras ou tout dérangement inutile, le maire, président de la commission municipale, procèdera de la façon suivante. Après avoir relevé sur la liste générale des enfants d'âge scolaire les noms de tous ceux qui sont inscrits dans une école quelconque, publique ou privée, il dressera l'état nominatif de tous ceux qui ne figurent sur aucun registre d'école, et il adressera à leurs parents, conformément à l'article 8 de la loi, un avis dont je vous envoie, ci-inclus, la teneur. Les parents mis en demeure par cet avis, seront tenus de faire savoir comment ils entendent pourvoir à l'instruction de leurs enfants ; afin de leur faciliter la réponse, le maire aura joint à sa lettre un bulletin préparé d'avance et que les familles devront lui retourner, si elles veulent éviter un déplacement.

» Au reçu de la réponse faite par les familles, de vive voix ou par écrit, si les parents déclarent se charger eux-mêmes de l'instruction de leurs enfants, le maire leur délivrera l'accusé de réception ci-joint.

» S'ils négligeaient de répondre et après une dernière lettre de rappel, le maire inscrirait d'office dans une école publique, conformément à l'article 8, les enfants dont l'instruction n'est pas assurée et pour lesquels la Commission n'a pas admis de motif d'empêchement. »

(*Circ. min.*, 7 septembre 1882.)

4. *Formalités de la déclaration à Paris.*

La manière de procéder indiquée par la circulaire ministérielle (voir le § ci-dessus), ne peut s'appliquer et ne s'appliquera pas à Paris. Cela résulte de la circulaire préfectorale du 30 août 1882, approuvée par le ministre, et dont voici les termes :

« En raison de l'importance qui s'attache aux déclarations prescrites par l'art. 7 dont l'absence peut seule vous autoriser à désigner d'office l'école que l'enfant devra suivre, j'estime qu'il importe qu'elles soient consignées sur un registre, de façon à éviter sûrement les difficultés et les contestations auxquelles pourrait donner lieu la perte d'une déclaration formulée sur une feuille volante.

« L'inscription sur le registre pourra se faire directement toutes les fois que le chef de famille, tuteur ou patron, viendra en personne faire la déclaration, et il suffira d'exiger de lui qu'il appose sa signature en regard de la déclaration écrite, sous sa dictée, par l'employé chargé du service.

« Ces dispositions ne sauraient toutefois vous autoriser à refuser les déclarations qui vous seraient adressées, par lettre, par les personnes que leurs occupations empêcheraient de se rendre à la mairie. Les déclarations faites dans cette forme devront être transcrites sur le registre avec une mention renvoyant au dossier dans lequel l'original sera conservé.

« Dans les deux cas, un récépissé de la déclaration devra être délivré au déclarant. »

5. *Renouvellement de la déclaration.*

La déclaration prescrite par l'art. 7 n'a pas besoin d'être renouvelée tous les ans. Cela résulte de la circulaire ministérielle du 7 septembre. (Appendice.)

A Paris, elle devra être renouvelée.

6. *Choix de l'école.*

L'attention du Ministre avait été appelée sur les points prévus par les § 2 et 3 de cet article ; il avait reconnu pour le père la liberté du choix de l'école publique où son enfant serait envoyé, mais il avait pensé que ce droit ne saurait être consacré par la loi, attendu qu'il pouvait, en pratique, surgir des difficultés entre les communes, difficultés qui n'étaient pas du domaine législatif.

Ces deux paragraphes n'ont été adoptés qu'en 2ᵉ lecture, au Sénat, sur la proposition de M. de Voisins-Lavernière.

7. *Ville de Paris. — Choix de l'école. — Contestation.*

« Dans le département de la Seine, où les écoles sont, en
général assez nombreuses et assez rapprochées les unes
des autres, les familles n'ont pas un intérêt décisif à choisir
une école plutôt qu'une autre.

» Il est bien entendu, toutefois, qu'au cas où un conflit
de ce genre se produirait, les parents ne sauraient y trouver un prétexte pour dispenser leurs enfants de la fréquentation scolaire, et qu'en attendant la décision du Conseil départemental, la famille devrait envoyer l'enfant à
l'école désignée d'office par le maire. »

(*Circ. préfect.*, 30 août 1882.)

Il est évident que le § 2 de cette prescription ne peut
s'appliquer qu'à Paris.

8. *Etablissements charitables.*

Les ouvroirs, asiles, orphelinats, maisons d'éducation,
colonies, refuges, ne sauraient se soustraire au contrôle de
l'État. Ils y sont soumis comme toute école libre.— Les directeurs ou directrices qui refuseraient de se soumettre aux
prescriptions légales, devront être déférés au tribunal cor-
rectionnel. (Art. 29 de la loi du 15 mars 1850.)

(*Cir. min.*, du 17 avril 1882.)

9. *Maîtrises.*

Il en est de même des *maîtrises*, c'est-à-dire des établissements entretenus par des fabriques, paroissiales ou
cathédrales, et confiés au clergé.

Les maîtrises sont astreintes à toutes les dispositions des
lois scolaires, notamment à l'inspection académique.

(*Circ. Ministre de la Justice*, 4 juillet 1882.)

Article VIII.

Devoirs des maires.

Chaque année, le maire dresse, d'accord avec la Commission municipale scolaire, la liste de tous les enfants âgés de six à treize ans, et avise les personnes qui ont charge de ces enfants de l'époque de la rentrée des classes.

En cas de non-déclaration, quinze jours avant l'époque de la rentrée, de la part des parents et autres personnes responsables, il inscrit d'office l'enfant à l'une des écoles publiques et en avertit la personne responsable.

Huit jours avant la rentrée des classes, il remet aux directeurs d'écoles publiques et privées la liste des enfants qui doivent suivre leurs écoles. Un double de ces listes est adressé par lui à l'inspecteur primaire.

1. *Liste des enfants.* — *Avis aux parents.*

« Il importera qu'à partir de la prochaine année scolaire, la liste des enfants de 6 à 13 ans soit entièrement établie avant la fin du premier mois des vacances, afin que l'avis que vous devez adresser aux familles, des enfants pour lesquels aucune déclaration spontanée n'aurait été faite, leur parvienne avant l'expiration du délai indiqué à l'article 7 (15 jours avant la rentrée des classes.)

» C'est donc, autant que possible, dans la dernière semaine d'août, et, au plus tard, dans la première semaine de septembre, que les avis devront en temps normal, être adressés aux familles.

» La liste nominative contenant l'indication du mode d'instruction, choisi ou désigné d'office pour chaque enfant, une fois établie, vous ne devrez pas oublier que vous avez à en extraire, pour chaque école publique ou privée, une liste spéciale des enfants qui doivent suivre cette école ; que cette liste spéciale doit être adressée à chaque école, huit jours avant la rentrée des classes, et que vous avez, en même temps, à en faire parvenir un duplicata à l'Inspecteur de l'enseignement primaire. »

(Circ. préf., 30 août 1882.)

2. Formation des listes.

« Les commissions municipales scolaires, nommées dans chaque commune et complétées par la nomination du délégué de l'inspecteur d'académie, vont avoir à accomplir le premier acte de leur mandat : il leur appartient, d'après l'article 8 de la loi, d'aider le maire à « dresser la liste de tous les enfants âgés de 6 à 13 ans. »

» Les éléments essentiels de ce travail sont fournis par les listes mêmes du dernier recensement officiel de la population. Mais des changements de domicile et diverses autres circonstances ont pu modifier dans quelques communes le nombre des enfants à inscrire. Pour prévenir toute chance d'erreur ou d'omission, la loi a remis aux commissions locales le soin de reviser annuellement la liste nominative des enfants en âge scolaire.

» Si, par impossible, quelques commissions, soit par négligence, soit par tout autre motif, refusaient leur concours pour la confection de ces listes, il vous appartiendrait, monsieur le Préfet, de les faire dresser d'office et dans le plus bref délai par le maire, ou à son défaut, par le délégué de l'inspecteur d'académie ou par l'inspecteur primaire : on prendrait pour base du relevé, jusqu'à nouvel ordre, les listes mêmes du recensement quinquennal, dont les minutes sont déposées dans chaque mairie. »

(*Circ. min.*, 7 septembre 1882.)

3. *Avis de la date de la rentrée.*

Il y a lieu de combiner le § 1er de l'art. 8 avec le § 1er de l'art. 7.

D'une part, le maire doit aviser les personnes qui ont la charge des enfants de l'époque de la rentrée des classes. — D'autre part, ces personnes doivent faire leur déclaration au moins 15 jours avant la rentrée.

Il faudra donc, pour éviter l'encombrement le 16e jour avant la rentrée, faire connaître au moins 1 mois à l'avance la date de la rentrée. Cela donnera 15 jours pour faire la déclaration.

Voir, § 4, la prescription, confirmant notre opinion, du Préfet de la Seine.

4. *Conséquence de l'inscription d'office.*

L'inscription d'office dont il est parlé n'enlève rien, remarquons-le, aux droits du père de famille ; il peut ne pas envoyer son enfant à l'école publique, mais, au moins, cela lui fera faire la déclaration exigée par l'art. 7.

Le § 3 de notre article ne contient donc qu'un avertissement au père de famille d'avoir à faire sa déclaration.

ARTICLE IX.

Départ de l'école. — Déclaration.

Lorsqu'un enfant quitte l'école, les parents ou les personnes responsables doivent en donner immédiatement avis au maire et indiquer de quelle façon l'enfant recevra l'instruction à l'avenir.

— *Nécessité de cette déclaration.*

M. de Ravignan a proposé la suppression de cet article comme faisant double emploi avec le suivant. « Quel est l'intérêt qui est en jeu dans ces diverses dispositions? C'est que le maire soit instruit de l'assiduité et de la fréquentation aux écoles. Eh bien, ne suffit-il pas que le maire soit informé par les instituteurs sans obliger les parents qui ont dû déclarer à quelle école ils voulaient envoyer leurs enfants de déclarer encore qu'ils veulent changer d'école? En vérité, tout cela est superflu ; ce sont des réglementations inutiles, et qui peuvent devenir vexatoires. C'est pour cela que je n'en veux pas et que je demande au Sénat de les supprimer. »

M. le rapporteur. « Je n'ai qu'un mot à dire. L'art. 9 s'applique surtout au cas où l'enfant peut changer d'école en changeant de commune. Dans cette nouvelle commune, le directeur de l'école n'enverra pas d'avis au maire de la commune d'origine ; et si le père de famille n'est pas obligé de donner avis au maire du déplacement de son enfant, personne ne serait averti ! »

Article X.

Absence. — Obligations des directeurs d'école publique.

Lorsqu'un enfant manque momentanément l'école, les parents ou les personnes responsables doivent faire connaître au directeur ou à la directrice les motifs de son absence.

Les directeurs et les directrices doivent tenir un registre d'appel qui constate, pour chaque classe, l'absence des élèves inscrits. A la fin de chaque mois, ils adresseront au maire et à l'Inspecteur primaire un extrait de ce registre, avec l'indication du nombre des absences et des motifs invoqués.

Les motifs d'absence seront soumis à la Commission scolaire. Les seuls motifs réputés légitimes sont les suivants : maladie de l'enfant, décès d'un membre de la famille, empêchements résultant de la difficulté accidentelle des communications. Les autres circonstances exceptionnellement invoquées seront également appréciées par la Commission.

1. *Motifs d'absences.*

La Commission de la Chambre proposait de déclarer simplement : « Ne seront considérées comme valables que les excuses admises par la Commission scolaire. » Mais, sur la proposition du gouvernement, on a fixé quelques cas déterminés d'excuses.

C'était inutile, puisque la Commission scolaire a un droit absolu d'appréciation.

2. *Simple constatation.*

Les directeurs d'école ne peuvent jamais se faire juges de la légitimité de l'absence. Ils n'ont que le droit — ou plutôt le devoir — de constatation.

3. On remarquera que l'obligation pour les parents de faire connaître les motifs d'absence est dénuée de toute sanction.

(Sénat, 14 juin 1881.)

Article XI.

Absences. — Obligations des directeurs d'école privée.

Tout directeur d'école privée, qui ne se sera pas conformé aux prescriptions de l'article précédent, sera, sur le rapport de la Commission scolaire et de l'Inspecteur primaire, déféré au Conseil départemental.

Le Conseil départemental pourra prononcer les peines suivantes : 1° l'avertissement ; 2° la censure ; 3° la suspension pour un mois au plus et, en cas de récidive dans l'année scolaire, pour trois mois au plus.

1. *Discussion de l'article.*

L'art. 11 voté par la Chambre était ainsi rédigé :.

« Tout directeur d'école privée qui ne se sera pas conformé aux prescriptions de l'article précédent sera déféré par le maire ou l'inspecteur d'académie au conseil départemental, qui pourra prononcer les peines suivantes : 1° l'avertissement ; 2° la censure ; 3° la suspension pour un mois au plus, et, en cas de récidive dans l'année scolaire, pour trois mois au plus.— Lorsque la peine prononcée sera celle de la suspension, il pourra être interjeté appel devant le conseil supérieur de l'instruction publique. L'appel devra être interjeté dans le délai de huit jours, à compter de la notification de la décision ; il sera suspensif. »

Sur la proposition de M. Paris, sénateur, et le Ministre acceptant, une garantie nouvelle a été donnée à l'instituteur privé : il ne sera déféré au Conseil départemental que sur l'avis conforme de la Commission scolaire.

2. *Appel formé par le directeur.*

Lorsque la loi est revenue devant la Chambre, on a supprimé la 2e partie de l'article, relative à l'appel, parce que, d'après la loi organique sur le Conseil supérieur, il n'y a lieu à appel qu'en cas d'interdiction absolue d'enseigner et qu'il n'y a pas lieu ici de faire exception.

À propos du § 2, 3°, M. Demôle a dit au nom de la Commission :

« Dans ce cas, nous croyons que le conseil départemental est le meilleur appréciateur des circonstances ; que personne mieux que lui ne sera à même de proportionner la peine à la faute commise, et qu'en un mot sa décision assure à tous les intérêts engagés une large et très suffisante garantie. »

ARTICLE XII.

Absences. — Pénalités. — Comparution devant la Commission.

Lorsqu'un enfant se sera absenté de l'école quatre fois dans le mois, pendant au moins une demi-journée, sans justification admise par la Commission municipale scolaire, le père, le tuteur ou la personne responsable, sera invité, trois jours au moins à l'avance, à comparaître dans la salle des actes de la mairie devant ladite Commission, qui lui rappellera le texte de la loi et lui expliquera son devoir.

En cas de non-comparution, sans justification admise, la Commission appliquera la peine énoncée dans l'article suivant.

— Nombre de membres présents pour délibérer.

M. Hervé de Saisy. « Je viens demander simplement à M. le rapporteur quel est le nombre de membres présents dans la commission scolaire qui en rendra les délibérations et les jugements valides. Il n'est pas indifférent, en effet, que ce nombre soit indiqué, et cependant je ne le vois pas dans l'article où il devait être inscrit.

M. le rapporteur. « Je crois être l'interprète de la commission en disant qu'il s'agit d'un conseil qui délibère; il doit donc être soumis aux règles générales, c'est-à-dire que, pour que ses délibérations soient valables, il faut que la majorité de ses membres y ait pris part.

M. Hervé de Saisy. « Il résulte de cette explication que la moitié plus un des membres en exercice de la commission scolaire assurera la validité de ses réunions et de ses arrêts. Il en sera de même, sous ce rapport, que pour le conseil municipal ! Je pense que c'est là la réponse que vient de me faire mon honorable collègue.

M. le rapporteur. « Parfaitement !

M. Hervé de Saisy. « En ce cas je n'ai qu'à prendre acte de la déclaration qui m'est faite. »

ARTICLE XIII.

Récidive. — Affichage.

En cas de récidive dans les douze mois qui suivront la première infraction, la Commission municipale scolaire ordonnera l'inscription pendant quinze jours ou un mois, à la porte de la mairie, des noms, prénoms et qualités de la personne responsable, avec l'indication du fait relevé contre elle.

La même peine sera appliquée aux personnes qui n'auront pas obtempéré aux prescriptions de l'article 9.

— *Qu'est-ce que la récidive ?*

MM. de Gavardie et Boisse ont proposé de substituer au mot « récidive » ceux-ci : « nouvelle infraction ».

M. de Gavardie a soutenu qu'il ne pouvait y avoir récidive qu'autant qu'il y avait eu peine prononcée lors de la première infraction, or, l'avertissement de l'art. 12 n'est pas une peine.

M. Bernard, sénateur, a répondu qu'il s'agissait de la *récidive d'un fait.*

Article XIV.

Nouvelle récidive. — Plainte au Juge de Paix. — Peines.

En cas d'une nouvelle récidive, la Commission scolaire ou, à son défaut, l'Inspecteur primaire devra adresser une plainte au Juge de paix. L'infraction sera considérée comme une contravention et pourra entraîner condamnation aux peines de police, conformément aux articles 479, 480 et suivants du Code pénal (1).

---

(1) L'art. 479 édicte une amende de 11 à 15 francs inclusivement.
L'art. 480 prononce l'emprisonnement pendant cinq jours au plus.

L'article 463 du même code est applicable (1).

1. *Assimilation aux contraventions.*

Le projet de la Commission ne visait que l'article 464 du code pénal. C'est à dessein que le ministre a demandé que la loi visât les art. 479 et 480 ; voici comment il s'est expliqué sur ce point :

« Je considère que la double récidive — car il s'agit d'une seconde récidive — prend un caractère de telle gravité qu'il n'y a réellement rien d'excessif à assimiler, dans un cas pareil, la faute du père à cette catégorie de contraventions les plus graves, ainsi qualifiées par l'art. 479 : « Ceux qui auront volontairement causé du dommage aux propriétés mobilières d'autrui, occasionné la mort ou la blessure des animaux appartenant à autrui... » Je trouve que l'infraction, en cas de nouvelle récidive, est tellement grave qu'elle ne peut être rattachée qu'à la troisième catégorie des contraventions. »

« Nous avons voulu que le juge de paix — dit de son côté M. Paul Bert — eût entré les mains un instrument de répression d'une souplesse singulière, qui lui permette, pour les contraventions qui sont le fait de la misère ou de l'inintelligence, de frapper pour ainsi dire plutôt par la majesté du jugement que par la gravité des peines ; ici, la condamnation à 1 fr. d'amende suffira et fera réfléchir incontestablement le père de famille. Mais nous avons voulu, à l'inverse, lorsqu'il se trouvera en présence de ces mauvais vouloirs systématiques qui prennent le caractère d'une rébellion à la loi, rébellion excitée et encouragée d'en haut, qu'il pût frapper vigoureusement ceux qui s'en rendent coupables. »

2. *Bonne foi.*

En matière de contravention, la bonne foi ne peut ordinairement servir d'excuse. En sera-t-il de même ici ? — Non.

---

(1) L'art. 463 sur les circonstances atténuantes permet, même en cas de récidive, de réduire l'amende même au-dessous de 16 francs.

Une fois la plainte portée, et le juge de paix saisi, celui-ci n'est pas lié par la plainte de la Commission. Comme pour toute autre affaire, le magistrat a toute liberté et tout pouvoir pour examiner à nouveau les circonstances de fait qui établissent la contravention.

En outre, la loi a fait une exception aux règles générales de la matière, et, voulant laisser le juge de paix absolument libre dans ses mouvements, on a introduit dans l'article les mots « *pourra* entraîner. »

Donc, malgré une constatation de fait indiscutable, le juge de paix pourra acquitter le délinquant.

3. *Récidive de contravention.*

En matière de contravention, l'art. 483 est applicable dès que le prévenu a été dans les 12 mois précédents et dans le ressort du même tribunal condamné pour une autre contravention, même de nature différente. (*Cassation*, 1868.)

Il y a donc ici encore une dérogation au droit commun, et la contravention prévue ici est d'une nature spéciale, ne cumulant pas, pour la récidive, avec des contraventions d'espèce différente.

M. Tenaille-Saligny avait fait très justement remarquer, au Sénat, que nous sommes en présence d'une contravention-délit, — délit pour l'appréciation de la faute, contravention pour la punition.

4. *Deuxième récidive.*

Pour qu'il y ait deuxième récidive, l'infraction doit être commise dans les 12 mois qui suivent la première.

Il faut, en outre, que la première peine ait été prononcée au moment où se commet la deuxième infraction.

5. *Plainte au juge de paix.*

« Lorsqu'elle a épuisé ces moyens d'action, purement

moraux, la Commission se trouve dessaisie. Il ne lui reste plus qu'à déférer au juge de simple police les parents qui, par leur résistance aux prescriptions de la loi, se sont placés en état de contravention.

» Si la Commission scolaire négligeait d'accomplir ce devoir rigoureux, l'Inspecteur de l'enseignement primaire aurait qualité pour déférer, en son lieu et place, les contrevenants au juge de simple police. »

(Circ. préf., 30 août 1882.)

On remarquera que la loi a dit : « la Commission devra...» Ici, ce n'est donc plus la Commission qui a le pouvoir d'apprécier la faute, c'est le juge de paix.

Article XV.

Dispenses de fréquentation scolaire.

La Commission scolaire pourra accorder aux enfants demeurant chez leurs parents ou leur tuteur, lorsque ceux-ci en feront la demande motivée, des dispenses de fréquentation scolaire ne pouvant dépasser trois mois par année en dehors des vacances.

Ces dispenses devront, si elles excèdent quinze jours, être soumises à l'approbation de l'Inspecteur primaire.

Ces dispositions ne sont pas applicables aux enfants qui suivront leurs parents ou tuteurs, lorsque ces derniers s'absenteront temporairement de la commune. Dans ce cas, un avis donné verbalement ou par écrit au maire ou à l'instituteur suffira.

La Commission peut aussi, avec l'approbation du Conseil départemental, dispenser les enfants employés dans l'industrie et arrivés à l'âge de l'apprentissage d'une des deux classes de la journée ; la même faculté sera accordée à tous les enfants employés, hors de leur famille, dans l'agriculture.

1. *Justification des mots : « hors de leur famille. »*

Au Sénat M. Hervé de Saisy, a demandé qu'on justifiât ces mots « hors de leur famille ».

M. le rapporteur. « Lorsque les enfants sont dans leurs familles, il peut y avoir pour la famille utilité, nécessité même, à les garder à certaines époques, lorsque les travaux des champs deviennent le plus urgents. Dans ces conditions, l'enfant étant dans sa famille, le père ou le tuteur pourra demander à la commission scolaire un congé de trois mois en dehors des vacances ordinaires. Par conséquent, la condition de ces enfants sera au moins aussi bonne, sous ce rapport, que celle des enfants qui ne seront pas dans leur famille. Si, au contraire, les enfants sont employés dans l'industrie ou dans l'agriculture, mais en dehors de leur famille, voici la raison qui a engagé la commission à proposer, et le Sénat à voter, dans ses deux délibérations précédentes, la disposition finale de l'art. 15 : Lorsque l'enfant est employé dans une industrie ou dans une exploitation agricole, mais en dehors de sa famille, il est, pour ainsi dire, en condition, et il n'est pas probable que le fermier ou le propriétaire, pour ne parler que de l'agriculture, qui emploie cet enfant aux travaux de la ferme, consente volontiers à le laisser sortir de la ferme pendant trois mois de l'année en dehors des vacances scolaires, tandis qu'il sera sans doute beaucoup plus disposé à faire cette concession, à laquelle est obligé l'industriel en vertu de la loi de 1874, de laisser l'enfant s'absenter soit dans la matinée, soit dans la soirée, de façon à lui permettre d'assister à une classe sur deux, parce que l'enfant donnera le reste du temps à son maître. Nous avons pensé qu'il serait plus facile pour la famille de l'enfant d'obtenir cette concession du fermier ou du propriétaire chez lequel cet enfant est employé; tandis que si elle venait leur dire : « Mon enfant est placé chez vous, mais pendant trois mois il devra vous quitter », sa demande ne serait assurément pas bien accueillie. Voilà les raisons qui ont été données par la commission et qui ont été acceptées par le Sénat. Nous avons fait en sorte de rendre aussi favorable la condition faite aux enfants qui sont dans leur famille que celle des enfants qui sont occupés soit dans l'industrie, soit dans l'agriculture. »

M. Hervé de Saisy. « Je réponds à l'honorable rapporteur qu'il y aura toujours disparité entre la situation faite aux enfants employés dans l'industrie et celle où sont placés les enfants employés dans l'agriculture. Pour la faire disparaître, ou il faut supprimer l'exception « hors de leur famille » contenue dans ce paragraphe, ou il faut l'appliquer également aux enfants arrivés à l'âge de l'apprentissage, aussi bien dans l'agriculture que dans l'industrie, lorsqu'il y a lieu de leur accorder la dispense d'assister à l'une des classes de la journée. Mais, comme la faculté inscrite dans le paragraphe 3 est conforme aux principes d'humanité, il me semble que la seule solution à déterminer serait de faire aux deux catégories les mêmes avantages. Agir autrement serait se montrer un peu sévère et faire la part bien petite à la liberté, quand c'est l'agriculture qui en doit profiter. Je signale donc ici, je le répète, une inégalité de situation qui ne peut être maintenue. Dans l'état actuel du paragraphe, les enfants d'industriels peuvent jouir de la dispense d'une classe, et vous ne le permettrez pas aux enfants des cultivateurs : c'est une différence qui ne devrait pas exister. J'ajouterai, d'une manière générale, que si vous aviez supprimé ces mots « hors de leur famille », il n'en serait pas résulté une concession énorme. Vous auriez réalisé simplement un vœu qui sera bien souvent exprimé devant les commissions scolaires par les cultivateurs. »

M. le rapporteur. « Pardon, lorsque les enfants n'ont pas l'âge d'apprentissage, ils sont dans leurs familles, et c'est alors le paragraphe 1er de l'art. 15 qui leur est applicable. Lorsque, au contraire, ils ont atteint l'âge d'apprentissage, ils peuvent être chez un patron, et c'est précisément pour cela que la disposition générale de l'article 15 a été proposée et acceptée. La distinction est nécessaire et juste. »

2. Dispenses accordées par mesure générale.

« Il convient de remarquer que la loi a fait une distinction entre les enfants employés dans l'industrie et les enfants employés dans l'agriculture.

» Pour ces derniers, la faculté de ne fréquenter qu'une des deux classes de la journée est de droit, pourvu que l'enfant soit placé hors de sa famille.

» Au contraire, pour les enfants employés dans l'industrie, la dispense de fréquentation de l'une des deux classes
de la journée ne peut être accordée par la Commission scolaire qu'avec l'approbation du Conseil départemental.

» Il paraît, toutefois, que cette approbation n'a pas besoin
d'être réclamée pour chaque demande individuelle, et qu'il
suffira d'une approbation générale ratifiant la décision prise
par la Commission scolaire de dispenser de la fréquentation
de l'une des deux classes les enfants de la commune employés dans l'industrie.

(Circ. préf., 30 août 1882.)

Article XVI.

Enfants instruits dans la famille.

Les enfants qui reçoivent l'instruction dans la famille doivent, chaque année, à partir de la fin de la deuxième année d'instruction obligatoire , subir un examen qui portera sur les matières de l'enseignement correspondant à leur âge dans les écoles publiques, dans des formes et suivant des programmes qui seront déterminés par arrêtés ministériels rendus en Conseil supérieur.

Le jury d'examen sera composé de : l'Inspecteur primaire, ou son délégué, président; un délégué cantonal : une personne munie d'un diplôme universitaire ou d'un brevet de capacité ; les juges seront choisis par l'Inspecteur d'Académie. Pour l'examen des filles, la personne brevetée devra être une femme.

Si l'examen de l'enfant est jugé insuffisant et qu'aucune excuse ne soit admise par le jury, les parents sont mis en demeure d'envoyer leur enfant dans une école publique ou privée dans la huitaine de la notification et de faire savoir au maire quelle école ils ont choisie.

En cas de non déclaration, l'inscription aura lieu d'office, comme il est dit à l'article 8.

1. *Portée de l'examen.*

Cet article donne à l'administration les moyens de vérifier si réellement l'enfant reçoit l'instruction obligatoire.

M. Lorois en a fait ressortir la gravité, disant que l'examen annuel ne laisse même pas au père la direction de l'éducation de son enfant.

Cette susceptibilité est exagérée ; n'importe comment, le père ne pouvait pas ne pas donner à son enfant le minimum de connaissances exigé par l'art. 1er de notre loi, et il est libre de donner cette instruction dans le sens qu'il lui plaît.

2. *Modifications du projet.*

Le Sénat avait proposé un examen, sur les matières du programme, sans spécifier que l'éducateur privé serait forcé de suivre pas à pas, année par année, le programme public.

M. Paul Bert a donné les raisons qui ont fait revenir la Chambre à l'examen annuel :

« L'art. 16 n'institue plus qu'un examen, et cet examen ne sera obligatoire que pour l'enfant âgé de dix ans révolus. » S'il le subit avec succès, on ne lui demandera plus rien : dans le cas contraire, et si aucune excuse n'est admise, l'enfant devra être immédiatement inscrit à une école publique ou privée. La première chose qui frappe quand on examine cette disposition, c'est que cet examen unique, passé à l'âge de dix ans, devra être très inférieur au niveau de l'instruction donnée dans l'école aux autres enfants, et qu'ainsi la loi, si sévère pour ceux qui obéissent à ses prescriptions, se montre singulièrement indulgente pour ceux qu'elle doit soupçonner de s'y soustraire. En second lieu, il est bien évident que, pour les pères de famille qui, avec ou sans l'insuffisante excuse de la misère, n'envoient pas leurs enfants à l'école, la disposition sénatoriale donne un répit de quatre années. On proclame solennellement dans l'art. 4 que l'instruction est obligatoire à partir de l'âge de six ans révolus, et on déclare implicitement dans l'art. 16 que l'obligation est reculée jusqu'à dix ans, précisément pour ceux qui veulent s'y soustraire et en

vue desquels on édicte la loi. En troisiéme lieu, tous les pédago-
gues seront d'accord pour déclarer que ces enfants dé onze ans,
absolument illettrés, ne se mettront que très difficilement à l'é-
tude, feront dans l'école la plus fâcheuse figure, y jouant à la fois
le rôle de trouble-fête et de souffre-douleurs. Ils y seront raillés
et malheureux, et gêneront la discipline et les études. En qua-
trième lieu, puisque les enfants élevés dans la famille seront,
après en avoir subi avec succès l'examen unique, complètement
débarrassés de toutes les exigences scolaires, on ne pourra refuser les mêmes prétendus avantages aux enfants qui auront fré-
quenté jusqu'à dix ans l'école, et seront capables de passer
l'examen. Le père de famille qui, de sept à dix ans, aura envoyé
son enfant à l'école, ne peut être traité d'une manière différente de celui qui aura gardé le sien chez lui. En vain, du reste,
essaierait-on de le faire : les moyens de tourner la loi seraient
aussi nombreux que commodes. Il en résulte qu'à partir dé dix
áns l'école se videra, la plupart des enfants se hâteront de passer
l'examen. Il était donc pour le moins inutile d'instituer dans
l'art. 6 un certificat d'études auquel les enfants pourront se présenter dès l'âge de onze ans et après lequel ils seront dispensés
de la scolarité, car ils s'en seront déjà dispensés à dix ans en se
présentant au facile examen de l'art. 16. Enfin, et ceci est peut-
être le plus grave des reproches encourus par la disposition sénatoriale, non seulement elle annulerait les prescriptions sur
l'obligation, mais elle amènerait une rétrogradation sur l'état actuel
des choses. Aujourd'hui, en effet, un très grand nombre d'enfants vont à l'école d'une manière assez irrégulière, s'absentant
sous divers prétextes, mais enfin séjournant irrégulièrement dans
l'école, dès l'âge de six ou sept ans, jusqu'à une douzaine d'années ; cette fréquentation, si incomplète qu'elle soit, présente,
par sa longue durée totale, de très grands avantages. Avec la loi
sur l'obligation, si l'enfant s'absente sans motifs valables, son
père sera soumis aux diverses pénalités édictées par les art. 12,
13 et 14. Que fera-t-il alors? Il excipera du bénéfice de l'art. 16,
gardera son enfant chez lui, attendra l'examen de dix ans. Vous
aurez ainsi supprimé, pour cet enfant, quatre années d'une fréquentation scolaire très utile, malgré son irrégularité. Nous en
revenons, en conséquence, à notre proposition première, c'est-à-
dire à l'examen subi tous les ans par tous les enfants qui ne vont
pas à l'école. Nous retardons seulement d'une année le début de

ces examens qui ne commencent par conséquent, à être passés qu'à huit ans révolus. Les pères de famille qui font leur devoir n'ont rien à redouter de cette légitime exigence, et nous ne pouvons nous résoudre à élever au rang d'arguments certaines objections inspirées par un amour-propre et un esprit de caste ridicules dans une démocratie. Rien ne peut être plus propre à développer chez les enfants le respect de la loi et le sentiment de l'égalité civique que cet examen, où s'assoieront, côte à côte, sur les mêmes bancs, dès le jeune âge, les enfants des parents qui occupent les situations sociales les plus différentes. Ce qui semble aujourd'hui tout naturel, quand il s'agit d'examens d'un ordre élevé, paraîtra bientôt tout aussi naturel pour l'humble examen scolaire au grand bénéfice de nos mœurs démocratiques. »

3. Caractère de l'examen.

« L'examen de l'article 15 est moins un examen qu'une enquête. S'agit-il donc ici d'un examen analogue au baccalauréat, même au certificat d'études, où les enfants viendront concourir, où il faudra qu'ils obtiennent un certain nombre de points? S'ils ne répondent pas, si ces pauvres petits perdent un peu la mémoire, lorsqu'ils se verront en présence de ce petit jury, si paternel pourtant, est-ce qu'on leur donnera zéro, pour qu'ils retombent alors sous le coup des derniers paragraphes de l'art. 16, l'examen étant déclaré insuffisant? Vous nous prenez pour des fous, si vous pensez que nous voulons mettre le pays à un pareil régime! Il n'y aura aucune analogie entre les procédés, ou, si vous aimez mieux, la procédure de cet examen et celles des examens ordinaires. Ce sera, je le répète, une enquête autant qu'un examen. Et lorsque l'enfant troublé n'aura pas répondu — ce qui souvent arrive aux enfants de neuf à dix ans, qui ne sont pas accoutumés aux écoles publiques et aux examinateurs, — la commission, le jury, s'entourera de tous les renseignements possibles, on lui apportera les devoirs, les cahiers de l'enfant. Que rechercherons-nous, en définitive? La vérité sur le caractère et le sérieux de l'éducation donnée dans la famille. Eh bien, si vous établissez devant le jury, même en lui amenant un enfant à qui sa timidité ferme absolument la bouche, si vous établissez que cet enfant, élevé dans la famille, y reçoit une instruction sérieuse qui n'est pas trop au-dessous des connaissances qu'on est en

droit d'attendre d'un enfant de son âge, l'examen sera jugé suffisant, et le dernier paragraphe ne sera pas applicable. Je vous
marque d'une manière générale le caractère de cet examen : il
ne porte pas, comme je vous le disais, sur des points précis et
exclusifs, il n'interdit pas à l'examinateur de se préoccuper des
épreuves antérieures ou des preuves qui lui sont fournies d'autre
part, soit des cahiers rédigés par l'élève, soit des témoignages
établissant que l'instruction est sérieusement donnée dans la famille. Tout cela peut rentrer dans cette sorte d'enquête que nous
appelons un examen. »

4. Cours hebdomadaires.

Les enfants instruits dans les écoles privées sont dispensés de l'examen annuel. A cette occasion, les explications
suivantes ont été échangées :

M. Béranger. « Je désire demander à M. le ministre une simple explication sur l'application de l'article qui vient d'être voté.
Cet article porte que les enfants élevés par le père ou la mère
de famille devront passer un examen annuel, pendant un certain
nombre d'années. Un autre article de la loi établit une exemption
à cette obligation. C'est pour le cas où le père de famille fait donner une éducation primaire à son enfant dans une école privée.
Je viens demander à M. le ministre ce qu'on doit entendre par
une école privée. Je m'explique. Il y a certains établissements
d'éducation générale embrassant, avec l'instruction primaire, l'instruction secondaire et quelquefois les éléments de l'instruction
supérieure, quelquefois aussi l'instruction supérieure complète ;
je parle surtout de l'éducation des filles. Ces établissements se
trouvent particulièrement dans les grandes villes, comme Lyon,
Marseille et surtout Paris. Mais ce qui les différencie de ce qu'on
appelle, en général, des écoles libres, c'est qu'elles ne sont pas
ouvertes tous les jours. C'est un jour de la semaine seulement
qu'on y conduit les enfants et quelques heures seulement de la
journée. En un mot, ce ne sont pas des écoles, mais des cours
hebdomadaires. M. le ministre et tout le monde sait ici que ce
mode d'éducation est très répandu, que c'est celui, en général,
de la bourgeoisie aisée. Je demande à M. le ministre s'il consi-
dérera ces cours comme des écoles libres.

M. le Ministre de l'instruction publique. « Certainement ! »

M. Béranger... « et si le fait d'envoyer ses enfants dans ces écoles constituera une exemption de l'examen annuel qui doit être passé ?

M. le Ministre de l'instruction publique. « Il est de toute évidence que les institutions libres dont parle l'honorable M. Béranger, et qui rendent tant de services à l'enseignement des jeunes filles, sont des écoles privées, des écoles libres dans toute l'acception du terme ; et il ne viendra dans la pensée de personne de considérer que les mères de famille qui donnent cet exemple si noble et si touchant de faire, au moyen de ces cours, par elles-mêmes, l'éducation de leurs petites filles, puissent jamais tomber sous l'application d'une peine quelconque. »

M. Buffet. « Sont-elles dispensées de l'examen ? »

M. le Ministre. « Elles seront dispensées de l'examen, puisqu'elles suivent une école libre. »

Article XVII.

Caisse des écoles.

La Caisse des écoles, instituée par l'article 15 de la loi du 10 avril 1867, sera établie dans toutes les communes. Dans les communes subventionnées dont le centime n'excède pas 30 fr., la Caisse aura droit, sur le crédit ouvert pour cet objet au Ministère de l'Instruction publique, à une subvention au moins égale au montant des subventions communales.

La répartition des secours se fera par les soins de la Commission scolaire.

1. *Enfants pauvres.*

Une des raisons pour lesquelles il y avait encore dans notre pays tant d'enfants ne fréquentant pas l'école (10 p. 100), était trop souvent l'état de pauvreté des parents, ne leur permettant pas de se passer du travail des enfants ou de leur donner des vêtements convenables.

Aussi l'alliance de la « commission scolaire » avec la « caisse des écoles » est-elle destinée à produire les plus heureux résultats.

Depuis plusieurs années, un crédit était affecté au budget pour les « caisses des écoles. » Le projet de loi de M. Jules Ferry a donné aux communes une garantie qui sera du meilleur effet, et qui encouragera notablement leurs efforts.

La Commission était le meilleur juge de la répartition, étant appelée chaque jour à fréquenter les enfants et les parents.

2. *Encouragements de l'Etat.*

A propos du § 1er, M. le ministre fait la déclaration suivante :

« Il faut bien remarquer qu'il ne s'agit pas dans cet article de mettre des bornes à la libéralité du ministre. Dans les cas exceptionnels que vous avez en vue, le ministre de l'instruction publique reste toujours libre de subventionner, même des communes dont le centime excède 30 francs. Il s'agit, au contraire, d'établir et d'instituer pour certaines communes un droit à la subvention. Les autres communes feront appel à la bienveillance du ministère qui leur ouvrira également les ressources de son budget, si elles sont méritantes. Mais nous avons voulu encourager les petites communes et ce sont des petites communes qui ont un centime inférieur à 30 fr.; nous avons voulu encourager la création et le développement des caisses d'école, encourager les conseils municipaux à voter des subventions et les particuliers à faire des dons. Nous avons créé un droit, et nous avons dû le limiter pour ne pas nous engager trop. »

Ce qui n'empêchera pas le ministre d'accorder des subventions aux autres communes, quand elles en auront besoin. (Réponse à M. Lorois.)

3. Il est à craindre que des conflits ne viennent à se produire entre les commissions scolaires et les comités des Caisses des écoles ; en attendant que leur situation réciproque soit nettement établie, ce qui ne tardera pas, les membres de ces deux commissions devront faire preuve de patriotisme, en songeant au but élevé de la loi et à la confiance que l'Etat met dans leur sagesse.

Article XVIII.

Cas d'insuffisance des locaux scolaires.

Des arrêtés ministériels, rendus sur la demande des Inspecteurs d'Académie et des Conseils départementaux, détermineront, chaque année, les communes où, par suite d'insuffisance des locaux scolaires, les prescriptions des articles 4 et suivants sur l'obligation ne pourraient être appliquées.

Un rapport annuel, adressé aux Chambres par le Ministre de l'Instruction publique, donnera la liste des communes auxquelles le présent article aura été appliqué.

FIN.

APPENDICE

———

I.

LOI SUR LA GRATUITÉ.

**Loi établissant la gratuité absolue de l'enseignement
primaire dans les écoles publiques.**

(16 JUIN 1881.)

Le Sénat et la Chambre des députés ont adopté.

Le président de la République promulgue la loi dont la teneur
suit :

Article premier.— Il ne sera plus perçu de rétribution scolaire
dans les écoles primaires publiques, ni dans les salles d'asile
publiques.

Le prix de pension dans les écoles normales est supprimé.

Art. 2.— Les quatre centimes spéciaux créés par les articles 40
de la loi du 15 mars 1850 et 7 de la loi du 19 juillet 1875, pour le
service de l'instruction primaire, sont obligatoires pour toutes les

communes, compris dans leurs ressources ordinaires et votés sans le concours des plus imposés.

Les communes auront la faculté de s'exonérer de tout ou partie de ces quatre centimes en inscrivant au budget, avec la même destination, une somme égale au produit des centimes supprimés, somme qui pourra être prise soit sur le revenu des dons et legs, soit sur une portion quelconque de leurs ressources ordinaires et extraordinaires.

Art. 3. — Les prélèvements à effectuer en faveur de l'instruction primaire sur les revenus ordinaires des communes, en vertu de l'article 40 de la loi du 15 mars 1850, porteront exclusivement sur les ressources ci-après énumérées :

1° Les revenus en argent des biens communaux ;

2° La part revenant à la commune sur l'imposition des chevaux et voitures et sur les permis de chasse ;

3° La taxe sur les chiens ;

4° Le produit net des taxes ordinaires d'octroi ;

5° Les droits de voirie et les droits de location aux halles, foires et marchés.

Ces revenus sont affectés, jusqu'à concurrence d'un cinquième, aux dépenses ordinaires et obligatoires, afférentes à la commune pour le service de ses écoles primaires publiques.

Sont désormais exemptées de tout prélèvement sur leurs revenus ordinaires les communes dans lesquelles la valeur du centime additionnel au principal des quatre contributions directes n'atteint pas vingt francs (20 fr.)

Art. 4. — Les quatre centimes spéciaux établis par les articles 40 de la loi du 15 mars 1850, 14 de la loi du 10 avril 1867, et 7 de la loi du 19 juillet 1875, au principal des quatre contributions directes, pour le service de l'instruction primaire, sont obligatoires pour les départements.

Toutefois, les départements auront la faculté de s'exonérer de tout ou partie de cette imposition, en inscrivant à leur budget, avec la même destination, une somme égale au produit des centimes supprimés, somme qui pourra être prise soit sur le revenu des dons et legs, soit sur une portion quelconque de leurs ressources ordinaires ou extraordinaires.

Art. 5. — En cas d'insuffisance des ressources énumérées aux articles 2, 3 et 4 de la présente loi, les dépenses seront couvertes par une subvention de l'État.

Art. 6. — Le traitement des instituteurs et institutrices, titulaires et adjoints actuellement en exercice, ne pourra, dans aucun cas, devenir inférieur au plus élevé des traitements dont ils auront joui pendant les trois années qui auront précédé l'application de la présente loi.

Le taux de rétribution servant à déterminer le montant du traitement éventuel, établi par l'article 9 de la loi du 10 avril 1867, sera fixé chaque année, par le ministre, sur la proposition du préfet, après avis du conseil départemental.

Un décret fixera la quotité des traitements en ce qui concerne les salles d'asile ou les classes enfantines.

Art. 7. — Sont mises au nombre des écoles primaires publiques donnant lieu à une dépense obligatoire pour la commune, à la condition qu'elles soient créées conformément aux prescriptions de l'article 2 de la loi du 10 avril 1867 :

1° Les écoles communales de filles qui sont ou seront établies dans les communes de plus de 400 âmes ;

2° Les salles d'asile ;

3° Les classes intermédiaires, entre la salle d'asile et l'école primaire, dites classes enfantines, comprenant des enfants des deux sexes et confiées à des institutrices pourvues du brevet de capacité ou du certificat d'aptitude à la direction des salles d'asile.

La présente loi, délibérée et adoptée par le Sénat et par la Chambre des députés, sera exécutée comme loi de l'État.

Fait à Paris, le 16 juin 1881.

Par le Président de la République :

JULES GRÉVY.

Le président du conseil, ministre de   Le ministre de l'intérieur
l'instruction publique et des beaux-arts,   et des cultes,

JULES FERRY.   CONSTANS.

II.

CIRCULAIRES RELATIVES A LA LOI SUR L'OBLIGATION.

A.

Circulaire relative aux commissions municipales scolaires et aux caisses des écoles.

Paris, le 29 mars 1882.

Monsieur le Préfet,

La loi sur l'enseignement primaire obligatoire vient d'être promulguée. Il importe de se préoccuper sans retard des moyens de la mettre à exécution d'ici à la prochaine année scolaire.

A cet effet, j'appellerai votre attention sur les dispositions de l'article 5 de la loi, ainsi conçu :

« Une commission municipale scolaire est instituée dans chaque commune, pour surveiller et encourager la fréquentation des écoles.

» Elle se compose du maire, président ; d'un des délégués du canton, et, dans les communes comprenant plusieurs cantons, d'autant de délégués qu'il y a de cantons, désignés par l'Inspecteur d'Académie, de membres désignés par le conseil municipal en nombre égal, au plus, au tiers des membres de ce conseil.

» A Paris et à Lyon, il y a une commission pour chaque arrondissement municipal. Elle est présidée, à Paris par le maire, à Lyon, par un des adjoints ; elle est composée d'un des délégués cantonaux désignés par l'Inspecteur d'Académie, de membres désignés par le conseil municipal, au nombre de trois à sept par chaque arrondissement.

» Le mandat des membres de la commission scolaire désignés par le conseil municipal durera jusqu'à l'élection d'un nouveau conseil municipal.

» Il sera toujours renouvelable.

» L'Inspecteur primaire fait partie de droit de toutes les commissions scolaires instituées dans son ressort. »

Je vous prie, Monsieur le Préfet, de vouloir bien inviter les maires à mettre à l'ordre du jour de la session de mai la désignation par le conseil municipal des membres appelés à faire partie de la commission scolaire.

Lorsque cette commission, dont les autres membres sont au choix de l'Inspecteur d'Académie, aura été instituée, elle devra, de concert avec le maire qui la préside, s'occuper immédiatement, conformément aux prescriptions de l'article 8, de dresser la liste de tous les enfants de la commune âgés de six à treize ans.

Aux termes de l'article 17, il doit être établi une caisse des écoles dans chaque commune.

C'est surtout avec l'obligation de l'instruction que cette utile institution est appelée à porter ses fruits et à faciliter la fréquentation régulière de l'école par des secours aux enfants indigents, par la fourniture d'aliments chauds en hiver, de vêtements et de chaussures, par le don de livres de classe, papier, etc.

Je vous envoie un modèle de statuts qui pourra servir de guide dans les communes non encore dotées d'une caisse d'école.

Il est bien entendu que, pour la rédaction de ces statuts, toute latitude est laissée aux conseils municipaux, qui sont les meilleurs juges des services à rendre par la caisse de l'école, eu égard aux besoins particuliers de la localité, et, par suite, de l'organisation qu'il convient de lui donner.

Il conviendra d'inviter les maires à faire prendre dans la session de mai une délibération portant création de cette caisse et à proposer l'inscription au budget additionnel de 1882, et le vote, au budget de 1883, d'une subvention.

La loi nouvelle dispose que, dans les communes subventionnées dont le centime n'excède pas 30 francs, la caisse aura droit, sur le crédit ouvert pour cet objet au ministère de l'instruction publique, à une subvention au moins égale au montant des subventions communales.

Vous aurez en temps utile à me transmettre des propositions collectives formulées dans un cadre que je fais établir et dont vous recevrez ultérieurement le modèle.

Il me reste à vous signaler, comme devant appeler également votre attention immédiate, les dispositions du premier paragraphe de l'article 18, ainsi conçu :

« Des arrêtés ministériels, rendus sur la demande des Inspecteurs d'Académie et des conseils départementaux, détermineront chaque année les communes où, par suite d'insuffisance des locaux scolaires, les prescriptions des articles 4 et suivants, sur l'obligation, ne pourraient être appliquées. »

. . . .

Je désire être à même de statuer à cet égard le 1ᵉʳ octobre prochain au plus tard.

Je recevrai avec le plus vif intérêt les communications que vous voudrez bien m'adresser pour me faire connaître les mesures prises par vous en vue de l'exécution aussi prompte que possible d'une loi que le pays a si vivement réclamée et qui doit avoir une si heureuse influence sur les destinées de la patrie et de la République.

Recevez, Monsieur le Préfet, l'assurance de ma considération très distinguée.

Le Ministre de l'instruction publique et des Beaux-Arts,

JULES FERRY.

———

Modèle de statuts pour caisse des écoles.

—

Caisse des écoles d

—

STATUTS.

Article premier. — Une caisse des écoles est instituée à en exécution de l'article 17 de la loi du 28 mars

1882. Elle a pour but de faciliter la fréquentation des classes par des récompenses, sous forme de livres utiles et de livrets de caisse d'épargne, aux élèves les plus appliqués, et par des secours aux élèves indigents ou peu aisés, soit en leur donnant les livres et fournitures de classe qu'ils ne pourraient se procurer, soit en leur distribuant des vêtements et des chaussures et, pendant l'hiver, des aliments chauds.

Art. 2. — Les ressources de la caisse se composent :

1° Des subventions qu'elle pourra recevoir de la commune, du département et de l'Etat ;

2° Des fondations ou souscriptions particulières ;

3° Du produit des dons, legs, quêtes, fêtes de bienfaisance, etc. ;

4° Des dons en nature, tels que livres, objets de papeterie, vêtements, denrées alimentaires.

Art. 3. — La société de la caisse des écoles comprend des membres fondateurs et des membres souscripteurs.

Art. 4. — Le titre de *fondateur* de la caisse des écoles sera acquis par un versement minimum de   francs une fois payés ou de   annuités de   francs chacune.

Art. 5. — Le titre de *souscripteur* résultera d'un versement annuel de   francs au minimum.

Art. 6. — La caisse des écoles est administrée par un Comité composé des membres de la Commission scolaire locale et de   autres membres élus pour une période de   ans par l'assemblée générale des sociétaires, et rééligibles.

Ce Comité, présidé par le maire, élit chaque année un vice-président, un secrétaire et un trésorier.

Il pourra s'adjoindre, en nombre indéterminé, des dames patronnesses.

Art. 7. — Toutes les fonctions du Comité de la caisse des écoles sont essentiellement gratuites.

Art. 8. — Le Comité arrête, chaque année, le budget des dépenses de la caisse des écoles et règle l'emploi des fonds disponibles. Il détermine la somme que le trésorier conservera pour les dépenses présumées de l'année, le surplus devant être placé sur l'Etat en rentes 3 p. 0/0 amortissables.

Art. 9. — Le Comité se réunit au moins trois fois par an, savoir : dans le mois qui suit la rentrée des classes, dans celui qui précède Pâques et dans le mois qui précède l'ouverture des vacances. Il se réunit plus souvent si le président juge nécessaire de le convoquer, ou si cinq de ses membres en font par écrit la demande.

Art. 10. — Le Comité aura la faculté de convoquer à ses réunions l'instituteur, l'institutrice et la directrice de l'école maternelle ; mais ces fonctionnaires n'auront que voix consultative.

Art. 11. — Dans l'intervalle des réunions du Comité, les mesures urgentes peuvent être prises, sauf à en référer au Comité, lors de sa première séance, par le bureau dudit Comité.

Art. 12. — Aucune dépense ne peut être acquittée par le trésorier qu'en vertu d'un bon signé du président et du secrétaire.

Art. 13. — Dans une assemblée générale annuelle des sociétaires, il est rendu compte des travaux du Comité et de la situation financière de l'œuvre. Une copie de ce compte-rendu est transmise à M. l'inspecteur d'académie.

Art. 14. — Aucune modification aux présents statuts ne pourra avoir lieu sans l'approbation de l'autorité préfectorale.

————

B.

Circulaire du ministre de l'instruction publique et des beaux-arts, aux préfets, relative à l'exécution de la loi du 28 mars 1882 sur l'instruction primaire obligatoire (1).

(7 SEPTEMBRE 1882.)

Monsieur le Préfet,

A l'approche de la rentrée des classes, je dois appeler votre

———————————

(1) A l'occasion de cette circulaire, le *Journal officiel* du 20 sept. 1882 a publié, dans sa partie non officielle, la note suivante :

« C'est par erreur que divers journaux ont affirmé que les maires attention toute particulière sur celles des prescriptions de la loi du 28 mars 1882 dont il importe d'assurer en ce moment l'exécution, c'est-à-dire sur les formalités relatives à la déclaration des parents en ce qui concerne le mode d'instruction de leurs enfants.

Les commissions municipales scolaires, nommées dans chaque commune et complétées par la nomination du délégué de l'inspecteur d'académie, vont avoir à accomplir le premier acte de leur mandat : il leur appartient, d'après l'art. 8 de la loi, d'aider le maire à « dresser la liste de tous les enfants âgés de 6 à 13 ans. »

Les éléments essentiels de ce travail sont fournis par les listes mêmes du dernier recensement officiel de la population. Mais des changements de domicile et diverses autres circonstances ont pu modifier dans quelques communes le nombre des enfants à inscrire. Pour prévenir toute chance d'erreur ou d'omission, la loi a remis aux commissions locales le soin de reviser annuellement la liste nominative des enfants en âge scolaire.

Si, par impossible, quelques commissions, soit par négligence, soit par tout autre motif, refusaient leur concours pour la confection de ces listes, il vous appartiendrait, monsieur le Préfet, de les faire dresser d'office et dans le plus bref délai par le maire, ou, à son défaut, par le délégué de l'inspecteur d'académie ou par l'inspecteur primaire : on prendrait pour base du relevé, jusqu'à nouvel ordre, les listes mêmes du recensement quinquennal, dont les minutes sont déposées dans chaque mairie.

Aussitôt ce travail fait, il restera à constater, ainsi que le veut la loi, si et comment il est pourvu à l'instruction de chacun des enfants recensés.

La liberté du père de famille, vous le savez, est entière; il peut choisir entre trois modes d'instruction : à l'école publique, à l'é-

---

de quelques grandes villes auraient été autorisés par le ministre de l'instruction publique à ne pas appliquer la circulaire du 7 sept. (relative à la notification par les familles du mode d'instruction adopté pour leurs enfants en âge scolaire). Les prescriptions de cette circulaire sont applicables à toutes les communes de France, Paris seul excepté. Cette circulaire est du reste la seule qui ait été adressée aux préfets par le ministre de l'instruction publique. »

cole libre ou à domicile. La loi exige seulement qu'avant le commencement de l'année scolaire, il fasse savoir au maire quel est de ces trois moyens d'instruction celui qu'il aura adopté.

Pour l'immense majorité des familles, le choix est déjà fait longtemps avant l'époque de la rentrée, et il est dès à présent connu des autorités compétentes, ce qui permet de simplifier considérablement les formalités de la déclaration exigée par l'art. 7.

Si la famille envoie ou continue d'envoyer ses enfans à l'école publique, l'inscription au registre de l'école dispense de toute autre forme de déclaration.

Si elle les confie à une école libre, l'inscription au registre de cette école, dûment communiquée à la commission scolaire municipale, tient également lieu de déclaration.

Quant aux parent qui veulent instruire ou faire instruire leurs enfants à domicile, ils n'ont qu'à faire connaître leur intention, pour éviter que leurs enfants ne soient considérés comme privés de moyens d'instruction.

Afin d'épargner aux familles qui se trouveraient dans cette troisième catégorie tout embarras ou tout dérangement inutile, le maire, président de la commission municipale, procédera de la façon suivante. Après avoir relevé sur la liste générale des enfants d'âge scolaire les noms de tous ceux qui sont instruits dans une école quelconque, publique ou privée, il dressera l'état nominatif de tous ceux qui ne figurent sur aucun registre d'école, et il adressera à leurs parents, conformément à l'article 8 de la loi, un avis dont je vous envoie, ci-inclus, la teneur. Les parents mis en demeure par cet avis, seront tenus de faire savoir comment ils entendent pourvoir à l'instruction de leurs enfants ; afin de leur faciliter la réponse, le maire aura joint à sa lettre un bulletin préparé d'avance et que les familles devront lui retourner, si elles veulent éviter un déplacement.

Au reçu de la réponse faite par les familles de vive voix ou par écrit, si les parents déclarent se charger eux-mêmes de l'instruction de leurs enfants, le maire leur délivrera l'accusé de reception ci-joint.

S'ils négligeaient de répondre et après une dernière lettre de rappel, le maire inscrirait d'office dans une école publique, conformément à l'article 8, les enfants dont l'instruction n'est pas assurée et pour lesquels la commission n'a pas admis de motif d'empêchement.

J'ai été consulté sur la question de savoir si une déclaration collective des pères de famille d'une commune ou section de commune pourrait tenir lieu de réponse à la demande adressée par le maire. Il est évident que chaque déclaration doit s'appliquer à un enfant individuellement et faire partie en quelque sorte de son dossier personnel. Dès lors, il est impossible de dégager à la fois, en prévision de toute éventualité ultérieure, et la responsabilité du père de famille et celle du maire et de la commission municipale, sans exiger qu'il reste à la mairie une trace écrite de la déclaration relative à chaque enfant : il sera nécessaire, plusieurs années de suite, de se rapporter à cette déclaration initiale ; il est donc indispensable qu'elle subsiste, soit sous la forme d'une réponse écrite du père de famille pour chacun de ses enfants, soit sous celle d'inscription dans un registre à souche dont je vous ai envoyé modèle, inscription faite par le maire après la déclaration verbale de la famille.

Tel est, monsieur le Préfet, l'ensemble des opérations, en somme assez simples, auxquelles donnera lieu l'application de la loi du 28 mars...

Agréez, etc.

Le Ministre de l'Instruction publique et des Beaux-Arts,

J. DUVAUX.

C.

Circulaire relative aux emblèmes religieux.

(2 NOVEMBRE 1882).

Monsieur le préfet,

Depuis quelques semaines plusieurs de vos collègues m'ont signalé l'insistance avec laquelle on les presse de se prononcer dans une question qui, à première vue, ne semblait pas comporter un aussi vif intérêt. Il s'agit de savoir si l'on enlèvera immédiatement les emblèmes religieux qui se trouvent encore dans un certain nombre de locaux scolaires.

Assurément la loi du 28 mars, prise dans sa rigueur, implique la suppression de tout ce qui donnerait ou conserverait à l'école publique un caractère confessionnel. Mais dans l'exécution de cette loi et en particulier dans les mesures d'ordre matériel qui en doivent dériver, il est naturel de distinguer celles qui s'appliquent aux écoles nouvelles et celles qui ont pour objet la modification d'installations anciennes. Dans les écoles qui s'ouvrent ou vont s'ouvrir sous le régime de la neutralité, devenu le seul légal, nul ne songera à demander l'introduction d'emblèmes religieux d'aucune nature. Quant à ceux qui se trouvaient dans des écoles anciennes, le législateur n'en a pas fait l'objet d'une prescription expresse et impérative. Le Gouvernement, à qui le silence de la loi laisse à cet égard le choix des voies et moyens d'exécution, ferait-il sagement de procéder d'urgence et par mesure générale à l'enlèvement de ces emblèmes ?

Si je croyais que cette mesure fût nécessaire ou même utile à la mise en vigueur du régime nouveau, je n'hésiterais pas à la prescrire, quelque difficulté qu'elle pût soulever. Mais je crois précisément le contraire.

J'estime, en effet, que le principal objet de l'acte législatif qui a séparé l'école de l'Eglise, que son résultat à la fois le plus immédiat et le plus efficace doit être, non la transformation des locaux scolaires, mais celle des programmes, des leçons, des exercices, de tout ce qui fait l'esprit de l'enseignement et la valeur de l'éducation. La loi du 28 mars n'est pas un accident, un fait isolé dans notre législation : en sécularisant l'école, elle ne fait qu'étendre le droit commun, et en quelque sorte les principes mêmes de notre Constitution, à l'organisation de l'instruction nationale, c'est-à-dire au seul des services publics, qui, jusqu'ici, par une étrange contradiction, eût conservé l'attache confessionnelle. Par conséquent, tout ce qui tendrait à rapetisser cette loi, à la présenter au pays comme une sorte de règlement de police des locaux scolaires, à en inaugurer l'application par un semblant de croisade iconoclaste, pourrait bien servir les desseins de ses adversaires, mais en altèrerait la notion même et risquerait d'en faire méconnaître par les populations le véritable caractère et la haute portée. Il n'y a qu'une manière de la bien appliquer, c'est de l'appliquer dans l'esprit même où elle a été votée, dans l'esprit des déclarations réitérées du Gouvernement, non comme une loi de combat dont il faut violemment enlever le succès, mais comme une de ces grandes lois organiques qui sont destinées à vivre avec le pays, à entrer dans ses mœurs, à faire partie de son patrimoine.

» Je vous autorise donc, monsieur le préfet, à ne prescrire l'enlèvement des emblèmes que quand et comme vous le jugerez à propos. Il ne faut pas que la rigueur de la logique, les injonctions des uns, les pétitions des autres vous forcent à prendre des mesures intempestives et vous exposent à porter le trouble dans les familles ou dans les écoles pour hâter l'exécution d'une réforme tout accessoire. Je vous donne toute latitude pour tenir compte à cet égard du vœu des populations en recourant pour le connaître à tous les moyens d'information dont vous disposez. J'ajoute, comme l'avait déjà dit mon honorable prédécesseur, que dans les cas où vous croirez devoir ordonner la suppression des emblèmes, il conviendra, à moins de raison grave, de reporter l'exécution de cette mesure, à l'une des époques règlementaires de vacances et de ne jamais la laisser accomplir d'une façon qui puisse froisser la conscience ou favoriser l'agitation factice qu'on voudrait créer.

» Quant aux instituteurs et aux institutrices, je vous prie de leur adresser en mon nom une seule recommandation, mais absolument formelle. Je leur interdis de la manière la plus expresse une intervention, une initiative quelconque en cette matière. Ils s'abstiendront également soit d'établir, soit d'enlever des emblèmes *proprio motu*, soit de prendre part à des pétitions ou manifestations pour ou contre le maintien de ces objets.

» A cet égard, et en général en tout ce qui touche aux questions religieuses, c'est un devoir strict pour l'instituteur de rester scrupuleusement étranger à toutes les polémiques et d'attendre les ordres de ses chefs. Si, — en dehors des heures de classe et des locaux scolaires, — la loi lui laisse la libre disposition de son temps, s'il a même le droit de donner dans ces conditions telles leçons privées qu'il jugera convenable sans en excepter les répétitions de catéchisme, quelques inconvénients que puisse avoir cet usage de sa liberté, du moins en classe et dans l'exercice de ses fonctions, lui est-il rigoureusement interdit, et par

7

la loi, et par les règlements, de se faire ou l'agent, ou l'adversaire déclaré de quelque doctrine, de quelque croyance confessionnelle que ce soit.

» La ligne de conduite que je vous trace, monsieur le préfet, à l'occasion de cette question des emblèmes, est évidemment la même que vous aurez à suivre, le cas échéant, pour toutes les difficultés analogues qui pourraient surgir. Vous n'accorderez, sous aucun prétexte, ni atermoiement, ni concession qui puisse porter atteinte au principe même de la loi ; mais quant aux mesures, indifférentes en elles-mêmes, quant aux délais qui vous seront demandés, non pour éluder la loi, mais pour en mieux assurer le fonctionnement, vous êtes seul juge des ménagements à garder ; et, pour en marquer la limite dans chaque espèce, vous vous rappellerez toujours que le Gouvernement, plein de confiance dans le bon sens public, a la prétention, tout en faisant respecter la loi, de la faire comprendre et de la faire aimer.

Recevez, monsieur le préfet, l'assurance de ma considération très distinguée.

Le ministre de l'instruction publique et des beaux-arts,

DUVAUX.

III.

CIRCULAIRES RÉGLANT L'ORGANISATION DES ÉCOLES PRIMAIRES.

A.

Circulaire relative à la surveillance dans les écoles primaires en dehors des heures de classe.

(2 AVRIL 1882.)

Monsieur le Préfet,

Quelques faits regrettables viennent d'appeler mon attention sur une question dont l'importance ne vous échappera pas ; je veux parler de la surveillance des élèves des écoles primaires en dehors des heures de classe.

Sans doute l'instituteur ne peut ni ne doit se substituer à la famille : sa tâche est assez lourde, dans la classe même, pour qu'on n'ajoute point de nouvelles obligations et une responsabilité plus étendue à celles qui lui incombent. Mais, en fait, dans les villes au moins, le père et la mère, retenus par le travail de chaque jour, ne peuvent, même quand ils en comprennent la nécessité, exercer sur leurs enfants la surveillance nécessaire au moment où ceux-ci ne sont plus sous l'œil du maître.

Je n'ai pas à énumérer ici les dangers de toute nature que courent les enfants de 5 à 13 ans, ainsi livrés à eux-mêmes. Sans parler d'accidents et de rixes, heureusement rares, mais qui ne sauraient l'être assez pour nous rassurer complètement, n'est-il pas à craindre que quelques-uns des élèves de nos écoles urbaines ne s'habituent ainsi au vagabondage, avec toutes ses dangereuses conséquences.

Les municipalités de la plupart de nos grandes villes l'ont compris : soucieuses de l'éducation morale des enfants des classes laborieuses non moins que de leur instruction, elles ont accordé sur les ressources communales des allocations supplémentaires aux instituteurs, à qui elles demandent en retour de surveiller leurs élèves, soit pendant les récréations et les intervalles des classes, soit pendant une étude du soir consacrée au travail personnel de l'enfant.

Il est à souhaiter que d'aussi utiles mesures se généralisent. Le budget de l'instruction publique sur lequel pèsent depuis quelques années tant de charges nouvelles, ne met à ma disposition aucune ressource applicable à cette institution. Je ne puis donc qu'en laisser l'initiative et l'entretien aux municipalités, à qui les lois du 16 juin et du 29 juillet 1881 ont fait remise de sommes importantes et qui voudront continuer à en consacrer une partie aux dépenses facultatives de l'enseignement primaire.

C'est à vous, Monsieur le Préfet, qu'il appartient de vous concerter avec quelques-unes de ces municipalités et avec l'Inspecteur d'Académie pour introduire ce perfectionnement dans notre système scolaire où il n'existe pas encore, pour en accroître l'efficacité partout où une prévoyante initiative l'a déjà constitué. Toutefois, quelqu'intérêt que présente pour les familles l'organisation de ce service supplémentaire, je ne voudrais pas acheter cet avantage au prix d'un surcroît de fatigue pour les maîtres ou d'une prolongation excessive des heures de classe pour les élèves. Deux choses doivent être bien entendues et ne plus retomber en discussion : d'une part, ce ne sont pas les maîtres chargés de la classe ordinaire qui auront à s'imposer deux ou trois heures de plus chaque jour ; ou le service ne se fera pas, ou il se fera soit par roulement entre divers maîtres, soit par les soins de maîtres auxiliaires spéciaux ; d'autre part, cette séance ne sera pas une sorte de classe ajoutée aux autres, mais se partagera en récréation et en étude, laissant à l'élève beaucoup plus d'initiative que la classe proprement dite et n'ayant pour but que de suppléer à la famille dans l'intérêt des enfants pendant la fin de la journée.

Moyennant l'observation de cette double règle, il convient de laisser aux autorités municipales et scolaires le soin de fixer les détails.d'une organisation qui devra varier suivant la nature des besoins et les habitudes prises.

La seule disposition que vous ayez à interdire, la loi vous en faisant un devoir, c'est celle qui consisterait à exiger une rétri-bution quelconque de la part des élèves qui participeraient à ces études surveillées ; ces études peuvent exister ou non, mais là où elles se feront, elles doivent être mises, comme tous les exercices de l'école, gratuitement à la disposition de tous.

Je vous prie, Monsieur le Préfet, de me faire connaître dans un court délai les mesures prises pour l'exécution des présentes instructions.

Recevez, etc.

Le Ministre de l'Instruction publique,

JULES FERRY.

B.

Règlement scolaire modèle du 18 juillet 1882 pour servir à la rédaction des règlements départementaux relatifs aux écoles primaires publiques (1).

Le ministre de l'instruction publique et des beaux-arts ;
Vu la loi du 28 mars 1882 ;
Le conseil supérieur de l'instruction publique entendu ;

Arrête :

Le règlement scolaire modèle pour servir à la rédaction des règlements départementaux des écoles primaires publiques, en date du 6 janvier 1881, est modifié ainsi qu'il suit :

---

(1) Ce règlement reproduit presque complètement celui du 6 janvier 1881. Il supprime seulement les art. 3 et 8 de ce dernier, relatifs : le premier à l'instruction religieuse, le second à la gratuité.

Article premier. — Pour être admis dans une école, les enfants doivent avoir plus de six ans et moins de quatorze. En dehors de ces limites, ils ne pourront être admis sans une autorisation spéciale de l'inspecteur d'académie.

Dans les communes qui n'ont pas de salle d'asile, l'âge d'admission sera abaissé à cinq ans.

Art. 2. — Tout enfant qui demandera son admission dans une école devra présenter un bulletin de naissance.

L'instituteur s'assurera qu'il a été vacciné ou qu'il a eu la petite vérole, et qu'il n'est pas atteint de maladies ou d'infirmités de nature à nuire à la santé des autres élèves.

Art. 3. — La garde de la classe est commise à l'instituteur : il ne permettra pas qu'on la fasse servir à aucun usage étranger à sa destination, sans une autorisation spéciale du préfet.

Art. 4. — Pendant la durée de la classe, l'instituteur ne pourra, sous aucun prétexte, être distrait de ses fonctions professionnelles, ni s'occuper d'un travail étranger à ses devoirs scolaires.

Art. 5. — Les enfants ne pourront, sous aucun prétexte, être détournés de leurs études pendant la durée des classes.

Ils ne seront envoyés à l'église pour les catéchismes ou pour les exercices religieux qu'en dehors des heures de classes. L'instituteur n'est pas tenu de les y surveiller. Il n'est pas tenu davantage de les y conduire, sauf le cas prévu au paragraphe 3 de l'article 7 ci-après.

Toutefois, pendant la semaine qui précède la première communion, l'instituteur autorisera les élèves à quitter l'école aux heures où leurs devoirs religieux les appellent à l'église.

Art. 6. — L'entrée de l'école est formellement interdite à toute personne autre que celles qui sont préposées par la loi à la surveillance de l'enseignement.

Art. 7. — Les classes dureront trois heures le matin et trois heures le soir. Celle du matin commencera à 8 heures, et celle de l'après-midi à 1 heure ; elles seront coupées par une récréation d'un quart d'heure.

Suivant les besoins des localités, les heures d'entrée et de sortie pourront être modifiées par l'inspecteur d'académie, sur la demande des autorités locales et l'avis de l'inspecteur primaire.

Les enfants qui ne sont pas rendus à leur famille dans l'intervalle des classes demeurent sous la surveillance (1) de l'instituteur jusqu'à l'heure où ils quittent définitivement la maison d'école.

Art. 8. — Les enfants se présenteront à l'école dans un état de propreté convenable.

La visite de propreté sera faite par l'instituteur au commencement de chaque classe.

Art. 9. — Quand l'instituteur prendra la direction d'une école, il devra, de concert avec le maire ou son délégué, faire le récolement du mobilier scolaire, des livres de la bibliothèque, des archives scolaires, et, s'il y a lieu, de son mobilier personnel et de celui de ses adjoints.

Le procès-verbal de cette opération, signé par les deux parties, constituera l'instituteur responsable des objets désignés à l'inventaire.

En cas de changement de résidence, l'instituteur provoquera avant son départ, un nouveau récolement du mobilier.

Art. 10. — Un tableau portant le prix de tous les objets que l'instituteur sera autorisé à fournir aux élèves sera affiché dans l'école, après avoir été visé par l'inspecteur primaire.

Art. 11. — La classe sera blanchie ou lessivée tous les ans, et tenue dans un état constant de propreté et de salubrité. A cet effet, elle sera balayée et arrosée tous les jours ; l'air y sera fréquemment renouvelé ; même en hiver, les fenêtres seront ouvertes pendant l'intervalle des classes.

Art. 12. — Le français sera seul en usage dans l'école.

Art. 13. — Toute représentation théâtrale est interdite dans les écoles publiques.

Art. 14. — Aucun livre ni brochure, aucun imprimé ni manuscrit étrangers à l'enseignement ne peuvent être introduits dans 'école, sans l'autorisation écrite de l'inspecteur d'académie.

Art. 15. — Toute pétition, quête, souscription ou loterie y est également interdite.

Art. 16. — Les seules punitions dont l'instituteur puisse faire usage sont :

----

(1) Voir ci-dessus la circulaire du 28 avril 1882 relative à la surveillance des élèves en dehors des heures de classe.

Les mauvais points ;

La réprimande ;

La privation partielle de la récréation ;

La retenue après la classe, sous la surveillance de l'institu teur ;

L'exclusion temporaire.

Cette dernière peine ne pourra dépasser trois jours. Avis en sera donné immédiatement par l'instituteur aux parents de l'enfant, aux autorités locales et à l'inspecteur primaire.

Une exclusion de plus longue durée ne pourra être prononcée que par l'inspecteur d'académie.

Art. 17. — Il est absolument interdit d'infliger aucun châtiment corporel.

Art. 18. — Les jours de congé extraordinaires sont :

Une semaine à l'occasion des fêtes de Pâques ;

Le premier jour de l'an ou le lendemain, si ce jour est un dimanche ou un jeudi ;

Le lundi de la Pentecôte ;

Le lendemain de la Toussaint, le matin seulement ;

Les jours de fêtes patronales ;

Les jours de fêtes nationales.

Art. 19. — L'époque et la durée des vacances seront fixées chaque année par le préfet, en conseil départemental.

Art. 20. — L'instituteur ne pourra ni intervertir les jours de classe, ni s'absenter, sans y avoir été autorisé par l'inspecteur primaire, et sans avoir donné avis de cette autorisation aux autorités locales.

Si l'absence doit durer plus de trois jours, l'autorisation de l'inspecteur d'académie est nécessaire.

Un congé de plus de huit jours ne peut être donné que par le préfet. Dans les circonstances graves et imprévues, l'instituteur pourra s'absenter, sans autre condition que de donner immédiatement avis de son absence aux autorités locales et à l'inspecteur primaire.

Art. 21. — Les dispositions de ce règlement sont applicables aux écoles de filles.

Art. 22. — Le règlement modèle en date du 17 août 1851 est et demeure abrogé.

Art. 23. — Les autorités préposées par la loi à la surveillance de l'instruction primaire sont chargées de l'exécution du présent règlement.

Jules Ferry.

―――――

C.

Arrêté réglant l'organisation pédagogique et le plan d'études des écoles primaires publiques.

(27 JUILLET 1882).

Le Ministre de l'instruction publique et des beaux-arts,

Vu la loi du 28 mars 1882, relative à l'enseignement primaire obligatoire ;

Vu les lois du 15 mars 1850 et du 10 avril 1867 ;

Vu les lois du 11 décembre 1880 relative à l'enseignement primaire complémentaire et professionnel, du 16 juin 1879, relative à l'enseignement de l'agriculture, du 27 janvier 1880, relative à l'enseignement obligatoire de la gymnastique ;

Vu la loi du 16 juin 1881 relative à la gratuité de l'enseignement primaire public ;

Vu le règlement modèle en date du 6 janvier 1881 ;

Le Conseil supérieur de l'instruction publique entendu,

Arrête :

Article premier. L'enseignement primaire dans les écoles publiques est partagé en trois cours :

Cours élémentaire ;

Cours moyen ;

Cours supérieur.

La constitution de ces trois cours est obligatoire dans toutes les écoles, quel que soit le nombre des classes et des élèves.

Art. 2. — Dans toute commune où, à défaut d'école maternelle, les enfants au-dessous de l'âge scolaire sont reçus à l'école pri-

maire par application de l'art. 2 du règlement modèle, il pourra
être établi une classe enfantine dans les conditions prévues par
l'art. 7 de la loi du 16 juin 1881.

Si dans une école il se trouve plus de dix élèves munis du
certificat d'études qui, après avoir terminé le cours supérieur,
désirent continuer leur instruction, il pourra être établi un
cours complémentaire d'une année, conformément aux prescriptions des décret et arrêté du 15 janvier 1881.

Art. 3. — La durée des études se divise comme il suit :

Classe enfantine : un ou deux ans, suivant que les enfants
entrent à 6 ans ou à 5 ans.

Cours élémentaire : deux ans, de 7 à 9 ans.

Cours moyen : deux ans, de 9 à 11 ans.

Cours supérieur : deux ans, de 11 à 13 ans.

Cours complémentaire d'enseignement primaire supérieur :
un an.

Art. 4. — Dans les écoles qui n'ont qu'un maître et qu'une
classe, il ne pourra être établi aucune division ni dans le cours
moyen ni dans le cours supérieur ; il n'en pourra être établi
plus de deux pour les enfants au-dessous de 9 ans.

Art. 5. — Dans les écoles qui n'ont que deux maîtres, l'un
sera chargé du cours moyen et du cours supérieur, l'autre du
cours élémentaire, y compris, s'il y a lieu, la division des enfants au-dessous de sept ans.

Art. 6. — Dans les écoles qui ont trois maîtres, chaque cours
forme une classe distincte.

Art. 7. — Dans les écoles à quatre classes, le cours élémentaire comptera deux classes, chacun des deux autres cours une
seule classe.

Art. 8. — Dans les écoles à cinq classes, le cours élémentaire
comptera deux classes, le cours moyen deux, le cours supérieur
une.

Art. 9. — Dans les écoles à six classes, chacun des trois cours
formera deux classes, à moins que le nombre des élèves du
cours supérieur ne permette de les réunir en une seule classe.

Art. 10. — Toutes les fois qu'un même cours comprendra deux
classes, l'une formera la première année du cours, l'autre la seconde.

Ces deux classes suivront le même programme, mais les leçons et les exercices seront gradués de telle sorte que les élèves

puissent, dans la seconde année, revoir, approfondir et compléter les études de la première.

Art. 11. — Au-dessus de six classes, quel que soit le nombre des maîtres, aucun cours ne devra former plus de deux années. Les classes en plus du nombre de six, non compris la classe enfantine, seront des classes parallèles destinées à dédoubler l'effectif soit de la première, soit de la seconde année.

Art. 12. — Chaque année, à la rentrée, les élèves, suivant leur degré d'instruction, sont répartis par le directeur dans les diverses classes des trois cours, sous le contrôle de l'inspecteur primaire.

Le certificat d'études donne droit à l'entrée dans le cours supérieur.

Art. 13. — Chaque élève, à son entrée à l'école, recevra un cahier spécial qu'il devra conserver pendant toute la durée de sa scolarité. Le premier devoir de chaque mois dans chaque ordre d'études sera écrit sur ce cahier par l'élève, en classe et sans secours étranger, de telle sorte que l'ensemble de ces devoirs permette de suivre la série des exercices et d'apprécier les progrès de l'élève d'année en année. Ce cahier restera déposé à l'école.

Art. 14. — Tout concours entre les écoles publiques auquel ne participerait pas l'ensemble des élèves de l'un au moins des trois cours, est formellement interdit.

Art. 15. — L'enseignement donné dans les écoles primaires publiques se rapporte à un triple objet : éducation physique, éducation intellectuelle, éducation morale. Les leçons et exercices gradués qu'il comporte sont répartis dans le cours d'études conformément aux programmes annexés au présent arrêté.

Art. 16. — Au commencement de chaque année scolaire, le tableau de l'emploi du temps par jour et par heure est dressé par le directeur de l'école, et, après approbation de l'inspecteur primaire, il est affiché dans les salles de classe.

La répartition des exercices doit satisfaire aux conditions générales ci-après déterminées :

I. — Chaque séance doit être partagée en plusieurs exercices différents, coupés soit par la récréation réglementaire, soit par des mouvements et des chants.

II. — Les exercices qui demandent le plus grand effort d'attention, tels que les exercices d'arithmétique, de grammaire, de rédaction, seront placés de préférence le matin.

III. — Toute leçon, toute lecture, tout devoir, sera accompagné d'explications orales et d'interrogations.

IV. — La correction des devoirs et la récitation des leçons ont lieu pendant les heures de classe auxquelles se rapportent ces devoirs et ces leçons. Dans la règle, les devoirs sont corrigés au tableau noir en même temps que se fait la visite des cahiers. Les rédactions sont corrigées par le maître en dehors de la classe.

V. — Les trente heures de classe par semaine (non compris le temps que les élèves peuvent consacrer, soit à domicile, soit dans des études surveillées, à la préparation des devoirs et des leçons), devront être réparties d'après les indications suivantes : .

1° Il y aura chaque jour, dans les deux premiers cours, au moins une leçon qui, sous la forme d'entretien familier, ou au moyen d'une lecture appropriée, sera consacrée à l'instruction morale ; dans le cours supérieur, cette leçon sera, autant que possible, le développement méthodique du programme de morale.

2° L'enseignement du français (exercices de lecture, lectures expliquées, leçons de grammaire, exercices orthographiques, dictées, analyses, récitations, exercices de composition, etc.) occupera tous les jours environ deux heures.

3° L'enseignement scientifique occupera en moyenne, et suivant les cours, d'une heure à une heure et demie par jour, savoir : trois quarts d'heure ou une heure pour l'arithmétique et les exercices qui s'y rattachent, le reste pour les sciences physiques et naturelles (avec leurs applications), présentées d'abord sous la forme de leçons de choses et plus tard étudiées méthodiquement.

4° L'enseignement de l'histoire et de la géographie, auquel se rattache l'instruction civique, comportera environ une heure de leçon tous les jours.

5° Le temps consacré aux exercices d'écriture proprement dite sera d'une heure au moins par jour dans le cours élémentaire et se réduira graduellement à mesure que les divers devoirs dictés ou rédigés pourront en tenir lieu.

6° L'enseignement du dessin, commencé par des leçons très

courtes dès le cours élémentaire, occupera dans les deux autres cours une, deux ou trois leçons chaque semaine.

7° Les leçons de chant occuperont de une à deux heures par semaine, indépendamment des exercices de chant, qui auront lieu tous les jours, soit dans les intervalles qui séparent les autres exercices scolaires, soit à la rentrée et à la sortie des classes.

8° La gymnastique, outre les évolutions et les exercices sur place qui peuvent accompagner les mouvements de classe, occupera tous les jours ou au moins tous les deux jours une séance dans le courant de l'après-midi.

En outre, dans les communes où les bataillons scolaires sont constitués, les exercices de bataillon ne pourront avoir lieu que le jeudi et le dimanche ; le temps à y consacrer sera déterminé par l'instructeur militaire de concert avec le directeur de l'école.

9° Enfin, pour les garçons aussi bien que pour les filles, deux ou trois heures par semaine seront consacrées aux travaux manuels.

Art. 17. — Les conditions que devront remplir les locaux scolaires seront déterminées par une instruction spéciale rédigée par la commission des bâtiments scolaires du ministère de l'instruction publique. Cette instruction tiendra lieu du règlement du 17 juin 1880, lequel est rapporté.

Signé : JULES FERRY.

(Suivent au *Journal Officiel* les programmes annexés à l'arrêté).

IV.

CIRCULAIRES RÉGLANT L'ORGANISATION DES ÉCOLES MATERNELLES.

A.

Décret et arrêté du 2 août 1881 relatif à l'établissement des écoles maternelles.

Le Président de la République française,

Sur le rapport du président du Conseil, ministre de l'instruction publique et des beaux-arts ;

Vu l'article 57 de la loi du 15 mars 1850 ;

Vu la loi du 27 février 1880, relative au Conseil supérieur de l'instruction publique :

Vu les articles 1, 6 et 7 de la loi du 16 juin 1881, relative à la gratuité de l'enseignement primaire ;

Vu l'article 2 de la loi du 16 juin 1881, relative aux titres de capacité de l'enseignement primaire :

Décrète :

TITRE Iᵉʳ.

DISPOSITIONS COMMUNES AUX ÉCOLES MATERNELLES PUBLIQUES ET LIBRES (ORGANISATION, SURVEILLANCE ET INSPECTION)

Article premier. — Les écoles maternelles (salles d'asiles), publiques ou libres, sont des établissements d'éducation où les enfants des deux sexes reçoivent les soins que réclame leur développement physique, intellectuel et moral.

Les enfants peuvent y être admis dès l'âge de 2 ans accomplis et y rester jusqu'à ce qu'ils aient atteint l'âge de 7 ans.

Art. 2. — L'enseignement dans les écoles maternelles comprend :

1º Les premiers principes d'éducation morale ; des connaissances sur les objets usuels ; les premiers éléments du dessin de l'écriture et de la lecture ; des exercices de langage ; des notions d'histoire naturelle et de géographie ; des récits à la portée des enfants ;

2º Des exercices manuels ;

3º Le chant et des mouvements gymnastiques gradués.

Art. 3. — Les écoles maternelles sont exclusivement dirigées par des femmes.

Art. 4. — Nulle ne peut diriger une école maternelle avant l'âge de 21 ans accomplis, et sans être pourvue du certificat d'aptitude à la direction des écoles maternelles.

Nulle ne peut diriger une école maternelle annexée à un cours normal avant l'âge de 25 ans, ni sans avoir exercé pendant cinq ans dans les écoles maternelles publiques ou libres.

Nulle ne peut être sous-directrice d'école maternelle avant l'âge de 18 ans, ni sans justifier du certificat d'aptitude à la direction des écoles maternelles.

Art. 5. — Sont incapables de tenir une école maternelle publique ou libre, les personnes qui se trouvent dans les cas prévus par l'article 26 de la loi du 15 mars 1850.

Art. 6. — Indépendamment des autorités instituées par la loi pour la surveillance et l'inspection des écoles, l'inspection des écoles maternelles est exercée :

1º Par les inspectrices générales ;

2º Par les inspectrices départementales ;

Les inspectrices générales et départementales sont nommées par le ministre.

Art. 7. — Nulle ne peut être nommée inspectrice générale sans avoir au moins 35 ans d'âge et cinq ans de service dans l'enseignement public ou libre et sans être pourvue : 1º du brevet supérieur ; 2º du certificat d'aptitude à la direction des écoles maternelles ; 3º du certificat d'aptitude à l'inspection des écoles maternelles.

Une inspectrice générale fait partie du comité consultatif de l'enseignement primaire au ministère de l'instruction publique.

Art. 8. — Nulle ne peut être nommée inspectrice départementale sans avoir 30 ans d'âge et trois ans de service dans l'enseignement public ou libre, et sans être pourvue : 1° du brevet supérieur ou, à son défaut, du brevet élémentaire complété par le certificat d'aptitude pédagogique; 2° du certificat d'aptitude à la direction des écoles maternelles; 3° du certificat d'aptitude à l'inspection des écoles maternelles.

Les inspectrices départementales visitent deux fois par an, au moins, les écoles maternelles de leur ressort et adressent à l'inspecteur d'académie un rapport spécial sur chaque école, à la suite de chaque inspection.

Elles donnent leur avis sur la nomination et la révocation des directrices et sous-directrices d'écoles maternelles publiques, ainsi que sur les récompenses qui peuvent leur être accordées.

Art. 9. — L'examen pour l'obtention du certificat d'aptitude à l'inspection des écoles maternelles comprend les épreuves suivantes :

1° Epreuve écrite :

Un sujet de pédagogie appliqué aux écoles maternelles;

2° Epreuve orale :

Questions de législation et d'administration concernant les écoles maternelles;

3° Epreuve pratique :

Inspection d'une école maternelle et rapport à la suite de cette inspection.

Art. 10. — Il peut être établi, dans chaque commune où il existe des écoles maternelles, un ou plusieurs comités de dames patronnesses présidé par le maire.

Les membres du comité de patronage sont nommés par le préfet, sur la proposition de l'inspecteur d'académie et après avis du maire.

Ce comité a pour attribution exclusive de veiller à l'observation des prescriptions de l'hygiène, à la bonne tenue de l'établissement et au bon emploi des fonds ou des dons en nature recueillis en faveur des enfants.

Art. 11. — L'inspection des écoles maternelles libres porte sur la morale, l'hygiène et la salubrité. Elle ne peut porter sur l'enseignement que pour vérifier s'il n'est pas contraire à la morale, à la Constitution et aux lois.

TITRE II.

ÉCOLES MATERNELLES PUBLIQUES.

Art. 12. — Dans les écoles maternelles publiques, les enfants seront divisés en deux sections suivant leur âge et le développement de leur intelligence.

Art. 13. — Les premiers principes d'éducation morale seront donnés dans les écoles maternelles publiques, non sous forme de leçons distinctes et suivies, mais par des entretiens familiers, des questions, des récits, des chants destinés à inspirer aux enfants le sentiment de leurs devoirs envers la famille, envers la patrie, envers Dieu. Ces premiers principes devront être indépendants de tout enseignement confessionnel.

Art. 14. — Les connaissances sur les objets usuels comportent des explications très élémentaires sur le vêtement, l'habitation et l'alimentation, sur les couleurs et les formes, sur la division du temps, les saisons, etc.

Art. 15. — Les exercices de langage ont pour but d'habituer les enfants à parler et à rendre compte de ce qu'ils ont vu et compris.

Les morceaux de poésie qu'on leur fait apprendre seront courts et simples.

Art. 16. — L'enseignement du dessin comprend :

1° Des combinaisons de lignes au moyen de lattes, bâtonnets, etc.

2° La représentation sur l'ardoise de ces combinaisons et de dessins faciles faits par la maîtresse au tableau quadrillé ;

3° La reproduction sur l'ardoise des objets usuels les plus simples.

Art. 17. — La lecture et l'écriture seront, autant que possible, enseignées simultanément.

Les exercices doivent toujours être collectifs.

Art. 18. — L'enseignement du calcul comprend :

1° L'étude de la formation des nombres de 1 à 10 ;

2° L'étude de la formation des dizaines de 10 à 100 ;

3° Les quatre opérations, sous la forme la plus élémentaire, appliquées d'abord à la première dizaine ;

4° La représentation des nombres par les chiffres ;

8

5° Des applications très simples du système métrique (mètre, litre, monnaie).

Cet enseignement sera donné au moyen d'objets mis entre les mains des enfants, tels que lattes, bâtonnets, cubes, etc.

Les enfants seront exercés au calcul mental sur toutes les combinaisons de nombres qu'ils auront faites.

Art. 19. — Les éléments d'histoire naturelle comprennent la désignation des parties principales du corps humain, des notions sur les animaux les plus connus, les végétaux et les minéraux usuels.

Cet enseignement est donné à l'aide d'objets réels et de collections formées autant que possible par les enfants et les maîtresses.

Art. 20. — L'enseignement de la géographie est descriptif; il s'appuie sur l'observation des lieux où vit l'enfant.

Il comprend :

1° L'orientation (points cardinaux) ;

2° Des notions sur la terre et les eaux;

3° Quelques indications sur les fleuves, les montagnes et les principales villes de France.

Art. 21. — Les récits porteront principalement :

1° Sur les grands faits de l'histoire nationale ;

2° Sur des leçons de choses.

Art. 22. — Les exercices manuels consisteront en tressage, tissage, pliage, petits ouvrages de tricot.

Les travaux de couture et tous autres travaux de nature à fatiguer les enfants sont interdits.

Art. 23. — L'enseignement du chant comprend :

Les exercices d'intonation et de mesure les plus simples, les chants à l'unisson et à deux parties qui accompagnent les jeux gymnastiques et les évolutions. Les chants sont appropriés à l'étendue de la voie des enfants. Pour ces exercices, les directrices se serviront du diapason.

Art. 24. — Les exercices gymnastiques seront gradués de manière à favoriser le développement physique de l'enfant. Ils se composeront de mouvements, de marches, d'évolutions et de jeux dirigés par la maîtresse.

Art. 25. — Les leçons ne devront jamais durer plus d'un quart d'heure ou 20 minutes ; elles seront toujours séparées par des chants, des exercices gymnastiques, des marches ou des évolutions.

Art: 26. — Les conditions dans lesquelles doivent être établies les écoles maternelles publiques, tant au point de vue des bâtiments que de l'ameublement, seront l'objet d'un règlement spécial.

Art. 27. — Le matériel d'enseignement de l'école maternelle comprend nécessairement les objets suivants :

Un claquoir, un sifflet ;

Un ou plusieurs tableaux noirs, dont un, au moins, sera quadrillé ;

Une méthode de lecture en tableaux et plusieurs collections d'images ;

Un nécessaire métrique ;

Un globe terrestre et une carte murale de la France ;

Un boulier ;

Des collections de bûchettes ou bâtonnets, des lattes, des cubes, etc.

Une collection de jouets ;

Des ardoises quadrillées d'un côté et unies de l'autre ;

Un diapason ;

Art. 28. — Aucun enfant n'est reçu dans une école maternelle, s'il n'est muni d'un billet d'admission signé par le maire, et s'il ne produit un certificat de médecin, dûment légalisé, constatant qu'il n'est atteint d'aucune maladie contagieuse et qu'il a été vacciné.

Art. 29. — Lorsqu'un enfant est présenté dans une école maternelle, la directrice fait connaîtee aux parents les conditions réglementaires auxquelles ils devront se conformer.

Art. 30. — Un mois de vacance est successivement accordé chaque année aux directrices et sous-directrices d'écoles maternelles.

Art. 31. — Les enfants seront toujours repris avec bienveillance. Ils ne devront jamais être frappés.

Art. 32. — Un médecin nommé par le maire visite une fois par semaine les écoles maternelles.

Il inscrit ses observations sur un registre particulier.

Art. 33. — Les directrices et sous-directrices des écoles maternelles publiques sont nommées et révoquées dans la même forme que les institutrices publiques. Les mêmes peines disciplinaires leur sont applicables et dans la même forme qu'aux institutrices.

Les directrices sont choisies, autant que possible, parmi les sous-directrices.

Chaque année, la directrice adresse à l'inspectrice départementale un rapport détaillé sur tout ce qui concerne l'établissement qu'elle dirige.

Art. 34. — Dans toute école maternelle publique recevant plus de cinquante enfants, la directrice est aidée par une sous-directrice.

Dans toute école maternelle publique recevant plus de vingt-cinq enfants, la directrice est assistée par une femme de service.

Art. 35. — Les directrices et sous-directrices d'écoles maternelles publiques pourvues du brevet de capacité sont assimilées aux institutrices titulaires et adjointes pour la fixation du taux du traitement, les conditions de l'avancement et du logement.

Art. 36. — La femme de service est nommée, dans chaque école maternelle publique, par la directrice, avec agrément du maire ; elle est révoquée dans la même forme.

Art. 37. — Un règlement des écoles maternelles de chaque département sera rédigé par le conseil départemental, d'après les indications générales d'un règlement modèle arrêté par le ministre de l'instruction publique en Conseil supérieur.

TITRE III.

ÉCOLES MATERNELLES LIBRES.

Art. 38. — Quiconque veut ouvrir ou diriger une école maternelle libre doit se conformer préalablement aux dispositions prescrites par les articles 25 et 27 de la loi du 15 mars 1850, et 1, 2 et 3 du décret du 7 octobre 1850.

Le préfet peut faire opposition à l'ouverture de l'école maternelle, dans les cas prévus par l'article 38 de la loi du 15 mars 1850 et par l'article 4 du décret du 7 octobre 1850. L'opposition est jugée par le conseil départemental, contradictoirement et à bref délai. Le recours est admis lorsque l'opposition est faite à la personne. Si le maire refuse d'approuver le local, il est statué à cet égard par le conseil départemental.

A défaut d'opposition, l'école maternelle peut être ouverte à l'expiration du mois.

Art. 39. — Le conseil départemental peut, par application de l'article 30 de la loi du 15 mars 1850, censurer, suspendre pour un temps qui ne pourra excéder six mois, ou interdire de l'exercice de sa profession dans la commune où elle réside, une directrice ou une sous-directrice d'école maternelle libre.

Il peut frapper d'interdiction absolue une directrice ou une sous-directrice d'école maternelle libre ou publique, sauf appel devant le Conseil supérieur de l'instruction publique, dans les délais légaux.

TITRE IV.

EXAMENS.

Art. 40. — Il est institué, dans chaque département, une commission d'examen chargée de constater l'aptitude des personnes qui aspirent à diriger les écoles maternelles.

La commission tient une session ordinaire par an. La date de l'ouverture de la session est fixée par le ministre.

Les membres de la commission d'examen sont nommés pour trois ans par le conseil départemental de l'instruction publique.

La commission d'examen se compose :

De l'inspecteur d'académie président ;

D'un inspecteur de l'instruction primaire faisant fonctions de secrétaire ;

D'un ou plusieurs membres de l'enseignement public ou libre ;

De l'inspectrice départementale.

Les commissions ne peuvent délibérer qu'autant que cinq de leurs membres sont présents. Les délibérations sont prises à la majorité des suffrages. En cas de partage, la voix du président est prépondérante.

Pour procéder à l'examen oral, la commission ne peut, dans aucun cas, se subdiviser en sous-commissions de moins de trois membres.

Art. 41. — Les certificats d'aptitude sont délivrés au nom du recteur par l'inspecteur d'académie dans les départements et à Paris, par le vice-recteur.

Art. 42. — Nulle n'est admise devant une commission d'examen avant l'âge de 18 ans, et sans avoir déposé entre les mains de l'inspecteur d'académie, un mois avant l'ouverture de la session :

1° Son acte de naissance ;

2° Des certificats attestant sa moralité et indiquant les lieux où elle a résidé et les occupations auxquelles elle s'est livrée depuis trois ans au moins.

Aucune dispense d'âge ne pourra être accordée, sauf dans le cas où l'aspirante serait déjà pourvue du brevet de capacité.

Art. 43. — L'examen se compose de deux parties distinctes :

1° Un examen d'instruction ;

2° Un examen pratique.

L'examen d'instruction comprend :

Des épreuves écrites ;

Des épreuves orales.

Epreuves écrites :

1° Une dictée d'orthographe de vingt lignes environ tirée d'un texte simple et facile ; la dictée sert d'épreuve d'écriture ;

2° La solution raisonnée de deux questions d'arithmétique portant sur les applications du calcul et du système métrique.

3° Une rédaction d'un genre simple (lettre, récit, rapport) ;

4° Un dessin au trait sur ardoise d'après un objet usuel.

Les aspirantes exécuteront en outre des travaux à l'aiguille.

Epreuves orales :

1° Principe d'éducation morale ;

2° Lecture ; explication du texte et questions de grammaire ;

3° Géographie ; notions générales, géographie de la France;

4° Histoire de France (grands faits et grands hommes) ;

5° Notions élémentaires d'histoire naturelle et d'hygiène applicables aux leçons de choses ;

6° Chant (un exercice sur un chant très simple).

L'examen pratique a lieu dans une école maternelle, préalablement désignée, et où les aspirantes ont droit d'assister aux exercices deux jours avant l'examen.

Cet examen se compose des exercices ordinaires de l'école ; il est accordé une heure pour la préparation de la leçon;

L'aspirante doit remplir les fonctions de directrice pendant une partie de la séance, et celle de sous-directrice pendant l'autre partie.

Une heure est donnée à chaque aspirante pour préparer sa leçon; les sujets sont tirés au sort.

Le jury exprime la valeur de chacune des épreuves par les notes qui suivent :

Très bien ; — Bien ; — Passable ; — Mal ; — Nul.

Pour l'épreuve d'orthographe, cinq fautes entraînent la nullité; trois ou quatre fautes, la note *mal*; deux fautes, la note *passable;* une faute et une demi faute, la note *bien;* la dictée ayant moins d'une demi-faute donne seule droit à la note *très bien.*

Les notes données par la commission sont le résultat de l'appréciation faite en commun de chaque épreuve.

La note *nul* sur l'une des matières entraîne l'ajournement.

A chacun des examens, deux notes *mal* entraînent l'ajournement, à moins qu'elles ne soient compensées par deux notes *très bien.*

Art. 44. — Il pourra être créé, dans chaque académie, aux frais de l'Etat, un cours normal des écoles maternelles analogue à celui qui existe à Paris sous le nom d'école Pape-Carpantier.

Art. 45. — Les décrets du 16 mai 1854 et du 21 mars 1856, les arrêtés du 22 mars 1855, du 23 mars 1857, du 5 août 1859 et du 30 juillet 1875 sont et demeurent rapportés.

Fait à Paris, le 2 août 1881.

JULES GRÉVY.

Par le Président de la République :

Le président du conseil,
ministre de l'Instruction publique et des Beaux-Arts,

JULES FERRY.

B.

Règlement scolaire modèle du 2 août 1881, pour servir à la rédaction des règlements départementaux relatifs à la tenue des écoles maternelles publiques.

Le président du conseil, ministre de l'Instruction publique et des Beaux-Arts.

Vu l'article 37 du décret du 2 août 1881,

Arrête :

Article premier. — Pour être admis dans une école maternelle, les enfants doivent avoir plus de 2 ans et moins de 7 ans.

Art. 2. — Tout enfant dont l'admission dans une école maternelle est demandée doit Présenter un bulletin de naissance et un certificat de médecin constatant qu'il a été vacciné ou qu'il a eu la petite vérole, et qu'il n'est pas atteint de maladies ou d'infirmités de nature à nuire à la santé des autres enfants.

Art. 3. — Les écoles maternelles publiques sont ouvertes du 1er mars au 1er novembre, depuis 7 heures du matin jusqu'à 7 heures du soir; du 1er novembre au 1er mars, depuis 8 heures du matin jusqu'à six heures du soir.

Les écoles maternelles ne peuvent être fermées que les dimanches et jours fériés, savoir : le 1er et le 2 janvier, le lundi de Pâques, le jour de l'Ascension, le lundi de la Pentecôte, le jour de l'Assomption, le jour de la Toussaint, le jour de Noël et les jours de fête nationale.

Les heures d'entrée et de sortie des enfants peuvent être modifiées pour chaque commune, suivant les convenances locales, sur l'avis de l'inspecteur d'académie, par le conseil départemental. Les parents devront se conformer exactement à la règle ainsi établie, sous peine d'exclusion des enfants après avertissement.

Art. 4. — Les parents qui négligent de venir chercher leurs enfants aux heures indiquées par les règlements sont avertis En cas de récidive, l'enfant est rendu à sa famille. L'exclusion toutefois ne peut être prononcée que par le maire, sur la proposition de la directrice, et après avis du comité de patronage. Les parents qui en feront la demande pourront reprendre leurs enfants à midi:

Art. 5. — A l'arrivée des enfants à l'école maternelle, la directrice doit s'assurer par elle-même de leur état de santé et de propreté, de la quantité et de la qualité des aliments qu'ils apportent.

L'enfant amené à l'école maternelle dans un état de maladie n'est pas reçu ; s'il devient malade dans le courant de la journée, il est reconduit chez ses parents, et, en cas d'urgence, envoyé chez le médecin de l'établissement.

Les enfants fatigués ou indisposés sont déposés sur un lit de camp.

Art. 6. — En cas d'absence réitérée d'un enfant, la directrice s'enquiert des causes de cette absence. Elle en donne, dans tous les cas, avis à la présidente du comité de patronage, qui fait visiter, s'il y a lieu, cet enfant dans sa famille.

Article 7. — A l'entrée et à la sortie de chaque classe, les enfants sont conduits en ordre aux lieux d'aisances ; ils y sont toujours surveillés par les directrice et sous-directrice. L'après-midi, avant la rentrée eu classe, les enfants sont également conduits en ordre au lavabo.

Art. 8. — Il est donné aux enfants, à titre de récompense, des bons points, des images ou des jouets. A la fin de chaque mois, les bons points sont échangés contre des images ou des jouets.

Art. 9. — Les seules punitions permises sont les suivantes :
Interdiction, pour un temps très court, du travail et des jeux en commun ;
Retrait des bons points.

Art. 10. — Il est interdit de surcharger la mémoire des enfants de dialogues ou scènes dramatiques en vue de solennités publiques.

Art. 11. — Les directrices d'écoles maternelles publiques tiennent :

1º Un registre sur lequel sont inscrits les noms et prénoms des enfants, la date de leur naissance, la date du certificat du médecin, la date de l'admission, la date de la sortie, les noms demeure et profession des parents ou tuteurs ; ce registre contiendra en outre une colonne d'observations. Il y sera joint un répertoire par lettre alphabétique pour faciliter les recherches;

2° Un registre sur lequel le médecin inscrit ses observations;

3° Un carnet destiné au relevé des présences mensuelles;

4° Un catalogue du mobilier et du matériel d'enseignement, avec indication des entrées et sorties.

Ces registres seront visés par les inspecteurs et les inspectrices à chacune de leurs visites.

Art. 12. — Il est interdit aux directrices et sous-dicectrices d'accepter des parents aucune espèce de cadeaux.

Art. 13. — Il ne pourra être introduit dans l'école maternelle aucun livre, aucune brochure ni manuscrit étranger à l'enseignement.

Art. 14. — Toute pétition, quête, souscription ou loterie est interdite dans l'école maternelle.

Art. 15. — L'école maternelle sera tenue dans un état constant de salubrité et de propreté.

Elle sera balayée et arrosée tous les jours.

L'air y sera fréquemment renouvelé.

Art. 16. — Il ne peut être toléré aucune espèce d'animaux domestiques dans les parties de l'école maternelle réservées aux enfants.

Art. 17. — Le règlement général et le règlement spécial sont affichés dans toutes les écoles maternelles et à la mairie de toutes les communes possédant une de ces écoles.

————

C.

Arrêté relatif à l'organisation pédagogique des écoles maternelles publiques.

(28 JUILLET 1882.)

Le ministre de l'Instruction publique et des Beaux-Arts,

Vu l'art. 7 de la loi du 16 juin 1881 ;
Vu le décret du 2 août 1881 ;

Arrête :

Article premier. — Aucune école maternelle publique ne devra recevoir plus de 150 enfants, à moins d'une autorisation spéciale de l'autorité académique.

Art. 2. — Dans toutes les écoles maternelles publiques, les enfants, quel que soit leur nombre, sont divisés en deux sections, conformément aux prescriptions du décret du 2 août (art. 12) ; chaque section, si le nombre des élèves l'exige, peut être subdivisée en groupes dont chacun est confié à une des maîtresses attachées à l'école.

Art. 3. — Le classement des enfants sera fait chaque année par la directrice à l'époque de la rentrée des écoles primaires sous le contrôle de l'inspectrice ou, à son défaut, de l'inspecteur primaire.

Art. 4. — Les divers cours de l'école maternelle, tels qu'ils sont définis par l'art. 2 du décret du 2 août 1881, ont pour objet de commencer l'éducation physique, l'éducation intellectuelle et l'éducation morale des jeunes enfants. Les exercices qu'ils comprennent seront répartis d'après les indications des programmes ci-annexés.

Art. 5. — Le détail de la répartition des heures par semaine est arrêté pour chaque école maternelle par la directrice après approbation de l'inspectrice ou, à son défaut, de l'inspecteur primaire.

Art. 6. — Il sera rédigé, par les soins de la commission des bâtiments scolaires, une instruction relative aux conditions d'installation matérielle des écoles maternelles publiques. Cette instruction tiendra lieu du règlement spécial prévu par l'art. 16 du décret du 2 août 1881.

D.

Programme d'études du 28 juillet 1882, concernant les écoles maternelles.

1° Objet de l'école maternelle.

L'école maternelle a pour but de donner aux enfants au-dessous de l'âge scolaire « les soins que réclame leur développement physique, intellectuel et moral » (décret du 2 août 1881) et de les préparer ainsi à recevoir avec fruit l'instruction primaire.

L'école maternelle n'est pas une école au sens ordinaire du mot : elle forme le passage de la famille à l'école ; elle garde la douceur affectueuse et indulgente de la famille, en même temps qu'elle initie au travail et à la régularité de l'école.

Le succès de la directrice d'école maternelle ne se mesure donc pas essentiellement par la somme des connaissances communiquées, par le niveau qu'atteint l'enseignement, par le nombre et la durée des leçons, mais plutôt par l'ensemble des bonnes influences auxquelles l'enfant est soumis, par le plaisir qu'on lui fait prendre à l'école, par les habitudes d'ordre, de propreté, de politesse, d'attention, d'obéissance, d'activité intellectuelle qu'il y doit contracter pour ainsi dire en jouant.

En conséquence, les directrices devront se préoccuper beaucoup moins de livrer à l'école primaire des enfants déjà fort avancés dans leur instruction que des enfants bien préparés à s'instruire. Tous les exercices de l'école maternelle seront réglés d'après ce principe général : ils doivent aider au développement des diverses facultés de l'enfant sans fatigue, sans contrainte, sans excès d'application, ils sont destinés à lui faire aimer l'école et à lui donner de bonne heure le goût du travail en ne lui imposant jamais un genre de travail qui ne soit compatible avec la faiblesse et la mobilité du premier âge.

Le but à atteindre, en tenant compte des diversités de tempérament, de la précocité des uns, de la lenteur des autres, ce n'est pas de les faire tous parvenir à tel ou tel degré de savoir en lecture, en écriture, en calcul, c'est qu'ils sachent bien le peu qu'ils sauront, c'est qu'ils aiment leurs tâches, leurs jeux, leurs leçons de toute sorte, c'est surtout qu'ils n'aient pas pris en dégoût ces premiers exercices scolaires qui seraient si vite rebutants si la patience, l'enjouement, l'affection ingénieuse de la maîtresse ne trouvait le moyen de les varier, de les égayer, d'en tirer ou d'y attacher quelque plaisir pour l'enfant.

Une bonne santé; l'ouïe, la vue, le toucher déjà exercés par une suite graduée de ces petits jeux et de ces petites expériences propres à faire l'éducation des sens; des idées enfantines, mais nettes et claires sur les premiers éléments de ce qui sera plus tard l'instruction primaire; un commencement d'habitudes et de dispositions sur lesquelles l'école puisse s'appuyer pour donner plus tard un enseignement régulier; le goût de la gymnastique, du chant, du dessin, des images, des récits; l'empressement à écouter, à voir, à observer, à imiter, à questionner, à répondre; une certaine faculté d'attention entretenue par la docilité, la confiance et la bonne humeur; l'intelligence éveillée enfin et l'âme ouverte à toutes les bonnes impressions morales : tels sont les effets et les résultats à demander à l'école maternelle, et si l'enfant qui en sort arrive à l'école primaire avec une telle préparation, il importe peu qu'il y joigne quelques pages de plus ou de moins du syllabaire.

2° Méthode.

Ces principes posés, quelle est la méthode qu'il conviendra d'appliquer aux écoles maternelles? C'est évidemment celle qui s'inspire du nom même de l'établissement, c'est-à-dire celle qui consiste à imiter le plus possible les procédés d'éducation d'une mère intelligente et dévouée.

Comme on ne se propose pas dans les écoles maternelles françaises de former ou d'exercer un ordre de facultés au détriment des autres, mais bien de les développer toutes harmoniquement, on ne devra pas s'asservir à suivre avec rigueur aucune des méthodes spéciales qui se fondent sur un système exclusif et artificiel.

On s'appliquera, au contraire, en prenant à toutes les écoles particulières leurs exercices les plus simples, à former, à l'aide de ces divers éléments, un cours d'instruction et d'éducation qui réponde aux divers besoins et mette en jeu toutes les facultés du petit enfant. Les exercices qu'elle comprend doivent être très variés : la leçon de choses, la causerie, le chant, les premiers essais de dessin, de lecture, de calcul, de récitation, partagent le temps avec les exercices du corps, les jeux de toute sorte et les mouvements gymnastiques. C'est une méthode essentiellement naturelle, familière, toujours ouverte à de nouveaux progrès, toujours susceptible de se compléter et de se réformer.

5° *Plan et division du cours.*

Les enfants sont divisés en deux sections :
1° Section des petits enfants de 2 à 5 ans ;
2° Section des enfants de 5 à 7 ans, ou classe enfantine.
Etc., etc.

E.

Décret qui fixe les traitements des directrices et sous-directrices d'Ecole maternelle.

(10 OCTOBRE 1881.)

Le président de la République française.

Sur le rapport du président du Conseil, ministre de l'Instruction publique et des Beaux-Arts ;

Vu l'article 6, paragraphe 3, de la loi du 16 juin 1881, établissant la gratuité de l'enseignement primaire ;

Vu l'article 4 de la loi du 16 juin 1881, sur les titres de capacité de l'enseignement primaire ;

Vu l'article 4 du décret du 2 août 1881, sur les écoles maternelles ;

Décrète :

Article premier. — A partir du 1ᵉʳ janvier 1882, les directrices et sous-directrices d'école maternelle publique exerçant dans les conditions fixées soit par l'article 2, soit par l'article 4 de la loi du 16 juin 1881, sur les titres de capacité d'enseignement primaire, recevront un traitement calculé conformément aux dispositions de l'article 9 de la loi du 10 avril 1867.

Art. 2. — Les traitements minima des directrices et sous-directrices d'école maternelle sont fixés de la manière suivante :

Directrices {	de 3ᵉ classe	700 fr.
	de 2ᵉ classe	800
	de 1ʳᵉ classe	900
Sous-directrices		600

Art. 3. — La directrice qui débute appartient à la dernière classe.

La promotion à une classe supérieure est de droit après cinq ans passés dans la classe immédiatement inférieure, et ne peut avoir lieu avant l'expiration de cette période.

Art. 4. — Les directrices et sous-directrices d'école maternelle pourvues du brevet complet auront droit à un traitement minimum supérieur de deux cents francs aux taux fixés par l'article 2. Celles qui seront pourvues du brevet élémentaire auront droit à une augmentation de cent francs.

Art. 5. — Les directrices et sous-directrices qui auront obtenu la médaille d'argent dans les conditions fixées par le décret du 20 juillet 1881 auront droit à une allocation supplémentaire annuelle de cent francs.

Art. 6. — Les institutrices et adjointes dans les écoles enfantines sont assimilées, en ce qui concerne le traitement, aux directrices et sous-directrices des écoles maternelles.

Art. 7. — Les traitements des directrices et sous-directrices d'école maternelle, ainsi que ceux des institutrices et adjointes dans les classes enfantines, seront mandatés par le préfet et acquittés suivant le mode établi en matière de cotisations municipales.

Ils seront payés mensuellement et par douzièmes, sur le vu d'un état dressé par l'inspecteur d'académie.

Art. 8. — Le Président du Conseil, ministre de l'Instruction publique et des Beaux-Arts, est chargé, etc......

CIRCULAIRES DU PRÉFET DE LA SEINE

CONCERNANT L'APPLICATION DE LA LOI DU 28 MARS 1882 DANS LA VILLE DE PARIS

Circulaire du 30 août 1882. — Extraits.

A Messieurs les Maires de Paris.

Présidence de la Commission scolaire. — Convocation. — « La présidence de la Commission scolaire vous est déférée. Il est bien entendu qu'en cas d'empêchement, cette présidence peut être déléguée par vous à l'un de vos adjoints.

» C'est à vous qu'il appartient de convoquer la Commission toutes les fois que sa réunion est nécessaire, et de veiller, en particulier, à ce que l'Inspecteur de l'Enseignement primaire, qui fait partie de droit de toutes les Commissions scolaires instituées dans son ressort, soit toujours averti en temps utile des réunions de la Commission. »

Déclarations. — Inscriptions. — Registre. — « En raison de l'importance qui s'attache aux déclarations prescrites par l'art. 7 dont l'absence peut seule vous autoriser à désigner d'office l'école que l'enfant devra suivre, j'estime qu'il importe qu'elles soient consignées sur un registre, de façon à éviter sûrement les diffi-

9

cultés et les contestations auxquelles pourrait donner lieu la perte d'une déclaration formulée sur une feuille volante.

» L'inscription sur le registre pourra se faire directement toutes les fois que le chef de famille, tuteur ou patron, viendra en personne faire la déclaration, et il suffira d'exiger de lui qu'il appose sa signature en regard de la déclaration écrite, sous sa dictée, par l'employé chargé du service.

» Ces dispositions ne sauraient toutefois vous autoriser à refuser les déclarations qui vous seraient adressées, par lettre, par les personnes que leurs occupations empêcheraient de se rendre à la mairie. Les déclarations faites dans cette forme devront être transcrites sur le registre avec une mention renvoyant au dossier dans lequel l'original sera conservé.

» Dans les deux cas, un récépissé de la déclaration devra être délivré au déclarant. »

Choix de l'école. — Contestation. — Dans le département de la Seine, où les écoles sont, en général, assez nombreuses et assez rapprochées les unes des autres, les familles n'ont pas un intérêt décisif à choisir une école plutôt qu'une autre.

» Il est bien entendu, toutefois, qu'au cas où un conflit de ce genre se produirait, les parents ne sauraient y trouver un prétexte pour dispenser leurs enfants de la fréquentation scolaire, et qu'en attendant la décision du Conseil départemental, la famille devrait envoyer l'enfant à l'école désignée d'office par le maire. »

Avis aux parents. — Liste des enfants. — « Il importera qu'à partir de la prochaine année scolaire, la liste des enfants de 6 à 13 ans soit entièrement établie avant la fin du premier mois des vacances, afin que l'avis que vous devez adresser aux familles des enfants pour lesquels aucune déclaration spontanée n'aurait été faite, leur parvienne avant l'expiration du délai indiqué à l'article 7 (15 jours avant la rentrée des classes).

» C'est donc, autant que possible, dans la dernière semaine d'août, et, au plus tard, dans la première semaine de septembre, que les avis devront, en temps normal, être adressés aux familles. »

« La liste nominative contenant l'indication du mode d'instruction, choisi ou désigné d'office pour chaque enfant, une fois établic, vous ne devrez pas oublier que vous avez à en extraire, pour chaque école publique ou privée, une liste spéciale des enfants qui doivent suivre cette école ; que cette liste spéciale doit être adressée à chaque école, huit jours avant la rentrée des classes, et que vous avez, en même temps, à en faire parvenir un duplicata à l'Inspecteur de l'enseignement primaire. »

Plainte au juge de paix. — « Lorsqu'elle a épuisé ces moyens d'action, purement moraux, la Commission se trouve dessaisie. Il ne lui reste plus qu'à déférer au juge de simple police les parents qui, par leur résistance aux prescriptions de la loi, se sont placés en état de contravention.

» Si la Commission scolaire négligeait d'accomplir ce devoir rigoureux, l'Inspecteur de l'enseignement primaire aurait qualité pour déférer, en son lieu et place, les contrevenants au juge de simple police. »

Enfants dispensés. — « Il convient de remarquer que la loi a fait une distinction entre les enfants employés dans l'industrie et les enfants employés dans l'agriculture.

» Pour ces derniers, la faculté de ne fréquenter qu'une des deux classes de la journée est de droit, pourvu que l'enfant soit placé hors de sa famille.

» Au contraire, pour les enfants employés dans l'industrie, la dispense de fréquentation de l'une des deux classes de la journée ne peut être accordée par la Commission scolaire qu'avec l'approbation du Conseil départemental.

» Il paraît, toutefois, que cette approbation n'a pas besoin d'être réclamée pour chaque demande individuelle, et qu'il suffira d'une approbation générale ratifiant la décision prise par la Commission scolaire de dispenser de la fréquentation de l'une des deux classes les enfants de la commune employés dans l'industrie. »

Circulaire du 12 septembre 1882.

Après la circulaire préfectorale du 30 août, qui figure ci-dessus, parut la circulaire ministérielle en date du 7 septembre 1882, dont les dispositions n'étaient pas conformes en totalité aux instructions préfectorales du 30 août.

Par une nouvelle circulaire en date du 12 septembre 1882, M. le Préfet de la Seine écrit aux Maires de Paris :

« Après avoir pris les instructions de M. le Ministre de l'Instruction publique, j'ai l'honneur de vous informer que la procédure indiquée dans la circulaire ministérielle du 7 septembre, pour l'établissement de la liste des enfants de six à treize ans, ne saurait s'appliquer à la ville de Paris, où le nombre considérable des enfants à recenser et les mutations fréquentes de la population rendraient absolument impossible l'application de la loi du 28 mars 1882, si les parents étaient dispensés de l'obligation de faire directement aux Maires la déclaration prescrite par l'art. 7 de ladite loi.

» Il n'est donc apporté aucun changement aux instructions contenues dans la circulaire préfectorale du 30 août dernier, non plus qu'aux mesures d'exécution qui ont été délibérées dans la réunion du 5 septembre. »

FORMULES OFFICIELLES

POUR L'APPLICATION DE L'ARTICLE 7 DE LA LOI SUR L'INSTRUCTION OBLIGATOIRE

MODÈLE N° 1. (*Lettre du maire au père de famille.*)

DÉPARTEMENT
d

RÉPUBLIQUE FRANÇAISE

COMMUNE
d

A   , le   1882.

M

La loi du 28 mars 1882 a rendu l'instruction primaire obligatoire pour les enfants des deux sexes âgés de six ans révolus à treize ans révolus.

Pour obéir aux prescriptions de cette loi, j'ai l'honneur de vous informer qu'aux termes de l'article 7, « le père, le tuteur ou le patron de tout enfant de six à treize ans est tenu de faire savoir au maire de la commune s'il entend faire donner à l'enfant l'instruction dans la famille ou dans une école publique ou privée; dans ces derniers cas, il indiquera l'école choisie. »

Je vous prie de me faire connaître sans retard quel est de ces trois moyens d'instruction celui que vous adoptez pour vos enfants.

Pour éviter toute cause de confusion et de retard, je vous adresse, avec prière de les remplir, autant de bulletins que vous avez d'enfants en âge scolaire. Vous pouvez me retourner ces bulletins, revêtus de votre signature, soit par la poste, soit par toute autre voie, à moins que vous ne préfériez me faire tenir votre réponse verbalement à la mairie, où vous me trouverez le

Recevez, M   , l'assurance de ma considération distinguée.

Le Maire,
Président de la commission municipale scolaire.

MODÈLE N° 2. (*Réponse du père de famille au maire.*)

DÉPARTEMENT

d ⏤

A　　　　, *le*　　　1882.

COMMUNE

d

Le soussigné déclare que le jeune [1]
né le　　　　　　　　　　à
recevra l'instruction à [2]

(*Le père, tuteur ou patron*).

MODÈLE N° 3. (*Lettre du maire accusant réception de la
déclaration du père de famille.*)

DÉPARTEMENT　　　　RÉPUBLIQUE FRANÇAISE

d ⏤

A　　　　, *le*　　　1882.

COMMUNE

d

M

J'ai reçu la réponse en date du　　　　　　　　　, par
laquelle vous m'annoncez que v　　　fil
né le　　　,　　　'　　　　　　　　recevr
l'instruction à domicile.

En vous donnant acte de cette déclaration, je crois devoir
vous rappeler qu'aux termes de l'article 16 les enfants instruits
dans la famille doivent, chaque année, à partir de la fin de la
deuxième année d'instruction obligatoire, subir un examen
qui portera sur les matières de l'enseignement correspondant à
leur âge dans les écoles publiques. Vous serez avisé ultérieurement de la date et du lieu de cet examen.

Recevez, M　　　　, l'assurance de ma considération
distinguée.

Le Maire,
Président de la commission municipale scolaire.

⎯⎯⎯⎯⎯⎯⎯⎯⎯⎯⎯⎯⎯⎯⎯⎯

[1] Mettre les prénoms de l'enfant.
[2] Dire si l'instruction sera donnée à domicile ou dans une école, et
donner le nom et l'adresse de cette école.

MODÈLE N° 4. *(Lettre de rappel du maire.)*

DÉPARTEMENT
d

RÉPUBLIQUE FRANÇAISE

COMMUNE
d

A   , le   1882.

Second et dernier
avertissement.   *M*

    Par ma lettre en date du   , j'ai eu l'honneur de
vous inviter à me faire savoir, conformément à la loi du 28 mars
1882, si vous entendez faire donner l'instruction à vos enfants
dans la famille, dans l'école publique ou privée.

    Je n'ai pas reçu de réponse à cette demande, que je vous
adressais au nom de la loi.

    Je vous réitère mon invitation et je dois vous prévenir
qu'aux termes de l'article 8 de la loi, « en cas de non-déclaration de la part des parents, le maire inscrit d'office dans une
des écoles publiques les enfants à l'instruction desquels il n'a
pas été pourvu ».

    Recevez, M   , l'assurance de ma considération
distinguée.

Le Maire,
Président de la commission municipale scolaire.

FIN DE L'APPENDICE.

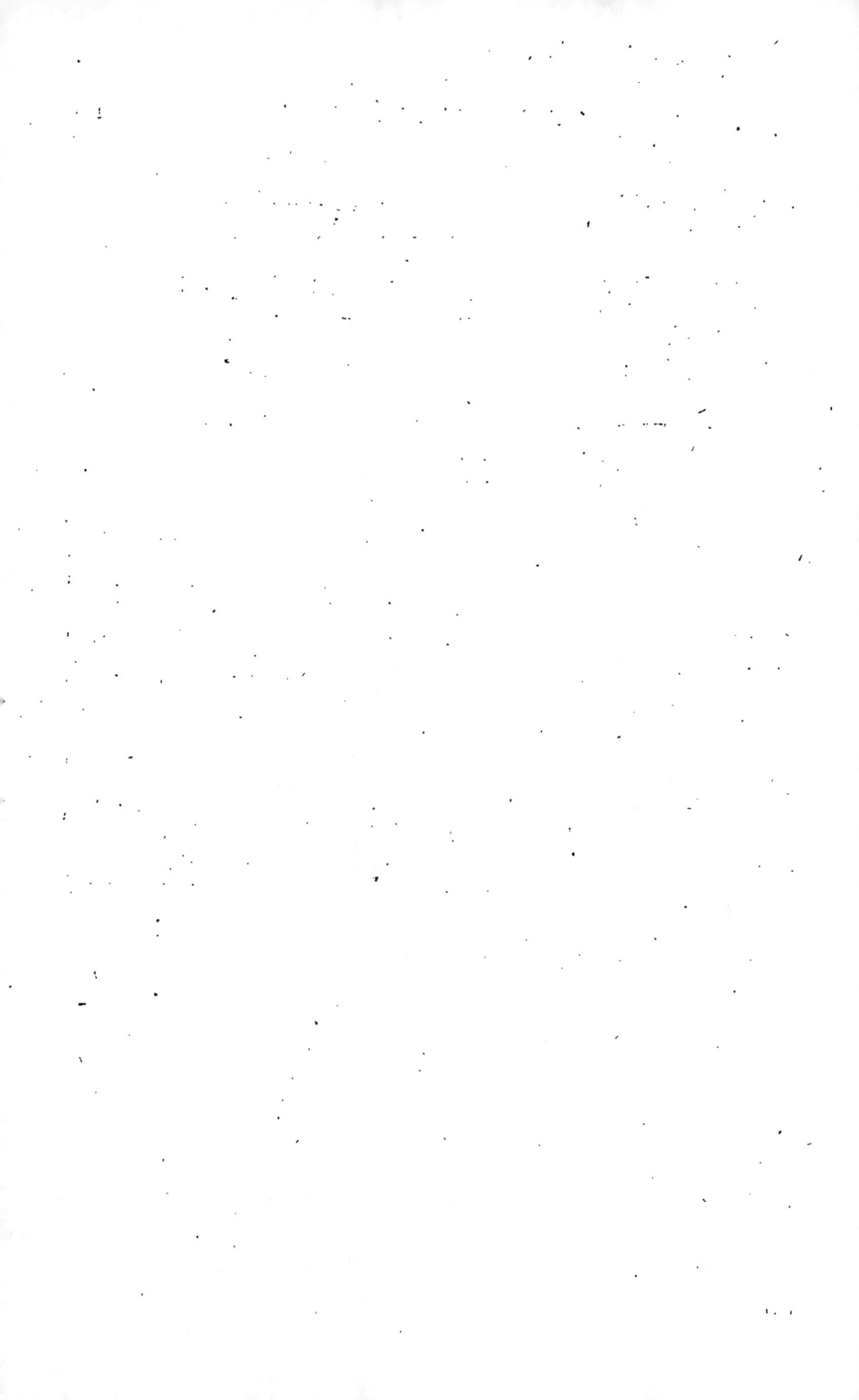

TABLE ALPHABÉTIQUE ET ANALYTIQUE

(Les chiffres renvoient aux pages.)

ABSENCE, 62. — Registre d'appel, 62. — Absences temporaires, 72. — Motifs d'absences, 62. — Constatation, 62. — Appréciation par la commission scolaire, 62. — Pénalités : comparution, 66. — Affichage, 67. — Plainte, 68. — Contravention, 69.

AFFICHAGE, peine contre les parents, 67.

AGE SCOLAIRE, 44. — Ne correspond pas avec la rentrée des classes, 44. — Age pour l'examen du certificat d'études primaires, 51.

AGRICULTURE. L'application des sciences à l'agriculture figure au programme, 25. — Enfants dispensés d'une des deux classes, 72.

AIGUILLE (Travaux à l'), figurent au programme, 26.

APPEL (Registre d'), 62. — Appel formé par le Directeur d'école privée, 65.

ART INDUSTRIEL. L'application des sciences à l'art industriel, figure au programme, 26.

AVERTISSEMENT, peine contre le directeur d'école privée, 64.

AVEUGLES, 44, 46.

BATAILLONS SCOLAIRES, 33. — 109, 8°, § 2.

CAISSE DES ÉCOLES, 82. — Doit être établie dans toutes les communes, 82. — Subventions de l'État, 82, 83. — Circulaire ministérielle, 88. — Statuts de Caisse des écoles, 90.

CENSURE peut être prononcée contre le directeur d'école privée, 64.

CERTIFICAT d'études primaires, 51. — (Voir examen. Voir dispenses). L'enfant ayant le certificat peut rester à l'école, 52.

CHOIX de l'école, 53, 56, 57.

CIRCULAIRES MINISTÉRIELLES : sur les commissions scolaires et les caisses des écoles, 88. — Sur l'exécution de la loi du 28 mars, 92. — Sur les emblèmes religieux, 95. — Sur la surveillance en dehors des heures de classe, 99.

CIRCULAIRES PRÉFECTORALES du 30 août 1882, 129.— Du 12 septembre 1882, 131.

COMMISSION SCOLAIRE, 48. — Institution et composition de la commission, 48. — Durée du mandat, 48. — Inspecteur primaire, 48, 50. — Le conseil désigne qui il lui plaît pour en faire partie, 49. — Droit d'entrée dans l'école, 49. — Convocation, 50. — Apprécie les motifs d'absence, 62. — Formation des listes, 58. — Comparution du délinquant, 66. — Nombre de membres présents pour délibérer, 66. — Peines qu'elle prononce, 67.—Plainte au juge de paix, 68, 70.— Dispenses de fréquentation, 72. — Caisses des écoles, 82. — Circulaire ministérielle, 88.

CONSEIL DÉPARTEMENTAL. Statue en dernier ressort quant au choix de l'école, 53. — Le Directeur d'école privée lui est

déféré, 64. — Approuve les dispenses pour les enfants employés dans l'industrie, 72. — Demande de détermination d'insuffisance de locaux scolaires, 84.

CONSEIL SUPÉRIEUR de l'Instruction publique. — Détermine le programme de l'enseignement et les examens y correspondant, 76.

CONSEIL MUNICIPAL. Nomme des membres de la commission scolaire, 48. — Durée du mandat concordant avec la durée du mandat du Conseil, 48.

CONSISTOIRE. Suppression du droit de présentation, 40.

CONSTATATION. L'instituteur constate l'absence, il n'en juge pas les causes, 63.

CONTRAVENTION (Voir juge de paix).

CONVOCATION de la commission scolaire, 50.

COURS HEBDOMADAIRES, 80.

CULTE (voir laïcité).

DÉCLARATION (voir parents), nécessité de cette déclaration, 53. — Déclaration collective, 54. — Simplification des formalités, 54.—Formalités pour Paris, 55. — Renouvellement, 56. — Départ de l'école, 61. — Absences temporaires, 72.

DÉPART de l'école, déclaration, nécessité de cette déclaration, 61.

DESSIN, figure au programme, 26.

DIRECTEUR d'école publique, 62. — Absences, registre d'appel, 62. — Simple constatation, 63. — Directeur d'école privée, 64. — Peines pouvant être prononcées contre lui, 64. — Droit d'appel, 65. (Voir instituteur).

DISPENSES. Enfant ayant le certificat, 51. — Dispenses accordées par la commission scolaire, 72. — Absences temporaires, 72. — Enfants dans l'industrie, 72. — Enfants employés hors de leur famille dans l'agriculture, 72. — Mesure générale, 74.

DROIT, figure au programme, 25.

ECOLE. Droit d'entrée des ministres des cultes, 41. — Des membres des commissions scolaires, 49. Voir emblèmes religieux. — voir inspection. — Choix de l'école, 53, 57. — Etablissements assimilés : (voir Etablissements charitables, maîtrises, cours hebdomadaires). — Locaux insuffisants, 84. — Voir enseignement religieux.

ECOLES PUBLIQUES. Ecoles primaires, règlement-modèle, 101. — Organisation pédagogique et plan d'études, 105. — Ecoles maternelles, 110. — Tenue de ces écoles, 120. — Leur organisation pédagogi-

que, 122. — Leur programme d'études, 124. — Traitement des directrices, 126.

ECONOMIE POLITIQUE, figure au programme, 25.

ECRITURE, figure au programme, 25.

EDUCATION MILITAIRE. Exercices militaires, 27. — But de l'éducation militaire, 32. — Bataillons scolaires, 33.

EDUCATION CIVIQUE. Voir Instruction morale et civique.

EMBLÈMES RELIGIEUX. — Circulaire ministérielle, 95. — Ne peuvent figurer dans l'école, 41.

ENFANTS sourds-muets, aveugles, 44, 46. — Etrangers, 46. — Employés dans l'industrie et dans l'agriculture, 72. — Enfant jugé insuffisant, inscrit à l'école publique, 76.

ENSEIGNEMENT RELIGIEUX. Vacances un jour par semaine, 35, 36. — Facultatif dans les écoles privées, 35. — Doit être donné en dehors des locaux scolaires, 35, 36, 37. — Peut être donné par l'instituteur en dehors de l'école, 35.

ETABLISSEMENTS CHARITABLES, 57.

ÉTRANGERS (Enfants), 46.

ETUDES SURVEILLÉES, 100.

EXAMEN pour le certificat d'études primaires, 51. — Fixation de l'âge pour l'examen, 51. — Composition du jury, 52. — Enfants instruits dans leur famille, 76. — Portée de l'examen, 77. — Son caractère, 79.

EXERCICES MILITAIRES, figurent au programme, 27. — Education militaire, 32. — Bataillons scolaires, 33.

GÉOGRAPHIE, figure au programme, 25.

GRATUITÉ (loi sur la) de l'enseignement primaire, texte, 85.

GYMNASTIQUE, figure au programme, 26. — Son enseignement, 33, 109, 80.

HISTOIRE, figure au programme, 25.

HYGIÈNE. L'application des sciences à l'hygiène figure au programme, 20.

INDUSTRIE. L'application des sciences aux arts industriels figure au programme, 26. — Enfants dispensés d'une des deux classes, 72.

INSCRIPTION D'OFFICE par le maire, 58. — Conséquence, 60. — Enfants mal instruits dans leur famille, 77.

INSPECTION (voir laïcité).

INSPECTEUR D'ACADÉMIE. Nomme un délégué à chaque commission scolaire, 48. — C'est lui qui choisit le Jury d'examen, 76. — C'est lui qui demande la détermination de l'insuffisance d'un local scolaire, 84.

INSPECTEUR PRIMAIRE. Membre de la commission scolaire, 48. — Peut-il s'y faire remplacer, 50. — Plainte au juge de paix, 68, 70. — Application des dispenses, 72. — Préside le Jury d'examen, 76. — Reçoit les listes de fréquentation, 58.

INSTITUTEUR. Enseignement religieux, 35. — Devoirs hors de l'école, 35. — Surveillance entre les classes, 35, 99 (voir programme) — (voir directeur).

INSTRUCTION MORALE ET CIVIQUE, figure au programme, 25. — Explications, sur ce point du programme, de M. Ribière et de M. Jules Ferry, 28. — Enseignement de la morale, 30. — Education civique, 31.

JUGE DE PAIX. Plainte, 68. — Assimilation aux contraventions, 69. — Bonne foi, 69. — Récidive de contravention, 70. — Deuxième récidive, 71.

JURY. Examen pour le certificat, 52. — Enfants instruits dans leur famille, 76.

LAÏCITÉ. Principe de l'école laïque, 18, 19, 20, 21. — L'enseignement religieux ne peut être donné à l'école, 22, 23, 37. — Vacance un jour par semaine, 35. — L'enseignement religieux est facultatif dans les écoles privées, 35. — Il peut être donné par l'instituteur, mais en dehors de l'école, 35. — Exercices religieux, 36. — Suppression du droit d'inspection des ministres des cultes, 39. — Droit de présentation, 40. — Droit d'entrée, 41. — Emblèmes religieux, 41, 95.

LANGUE FRANÇAISE, figure au programme, 25.

LOI du 28 mars 1882 sur l'enseignement primaire obligatoire, texte, 11. — Commentaire, 25. — Loi sur la gratuité de l'instruction primaire, 85.

LECTURE, figure au programme, 25.

LITTÉRATURE FRANÇAISE (éléments de), figurent au programme, 25.

MAIRES. Listes, avis aux parents, 58. — Formation des listes, 59. — Avis de la rentrée, 60. — Doit être donné au moins un mois avant la rentrée, 60. — Inscription d'office en cas de non-déclaration et avertissement, 58.

MAITRISES, 57.

MÉTIERS. Leur apprentissage, figure au programme, 26.

MINISTRES DES CULTES. Suppression du droit d'inspection, 39. — Ne peuvent entrer dans l'école, 41. — Peut faire partie de la commission scolaire, 49.

MODELAGE, figure au programme, 26.

MODÈLES. 1. Lettre du maire au père de famille, 133. — 2. Réponse du père de famille, 134. — 3. Accusé de réception, 134. — 4. Lettre de rappel, 135.

MORALE. (Voir Instruction morale et civique.)

MOTIFS D'ABSENCE. Doit les faire connaître, 52. — Motifs réputés légitimes, 52. — Constatation, 53.

MUSIQUE, figure au programme, 26.

OBLIGATION. Opinion de M. Guizot, 17. — Caractère de l'Instruction obligatoire, 17. — Objections au projet, 18. — Article IV imposant l'obligation, 44. — Age scolaire, 44. — Locaux insuffisants, 84.

OUTILS. Les enfants apprendront l'usage des outils des principaux métiers, 26.

PARENTS (ou personnes responsables). Déclaration, 53. — Choix de l'école, 53, 57 (voir Déclaration). — Départ de l'école, 61 (voir Peines). — Absences, doit les faire connaître, 52. — Comparution devant la commission, 66. — Peines, 67. — Affichage, récidive, 67. — Nouvelle récidive, 68. — Plainte, 68. — Peines, 68. — Absences temporaires, 72. — Enfant jugé insuffisant, envoi dans une école publique, 76.

Paris. Commission scolaire, 48. — Déclaration, formalités simplifiées, 55. — Choix de l'école, contestation, 57. — Déclaration renouvelable, 56.

Peines. (Voir Directeur, voir parents.)

Plan d'études, 34, 105.

Présentation. (Voir laïcité.)

Programme, 25. — But, 26. — Ancien programme, 25. — Est-il limitatif, 26. — Comparaison du nouveau avec l'ancien, 27. — Instruction morale et civique, 28, — Morale, 30. — Éducation civique, 31. — Éducation militaire, 32. — Bataillons scolaires, 33. — Gymnastique, 33. — Application des programmes, plan d'études, 34. — Voir à l'appendice les Règlements organisant les écoles primaires publiques et les écoles maternelles publiques.

Punition des enfants : 103, article 3.

Récidive. (Voir parents.) (Voir Juge de paix.)

Rentrée des classes. Avis aux parents, 58. — Il faut le donner un mois avant la rentrée, 60.

Sciences naturelles, physiques et mathématiques, figurent au programme, 25.

Sourds-muets, 44, 46.

Statuts de caisse d'écoles, 90.

Subvention de l'État. Caisse des écoles, 82, 83.

Surveillance de l'instituteur en dehors des heures de classe, 36, 99. — Droit de surveillance des ministres des cultes, 39.

Suspension prononcée contre le Directeur d'école privée, 64.

Travaux a l'aiguille, figurent au programme, 26.

Travaux manuels, figurent au programme, 26.

Vacances. Vacance un jour par semaine afin de permettre aux parents de faire donner l'enseignement religieux, 35. — Jour non indiqué par les règlements, 37.

Vaccination. Est-elle obligatoire ? 45.

FIN DE LA TABLE ALPHABÉTIQUE ET ANALYTIQUE.

TABLE DE L'APPENDICE.

———

I. Loi sur la gratuité de l'enseignement primaire.......... 85

II. Circulaires relatives à la loi sur l'obligation :

    A. Commissions scolaires et caisses des écoles.... 88

    B. Exécution de la loi du 28 mars 92

    C. Emblèmes religieux........................... 95

III. Circulaires réglant l'organisation des écoles primaires :

    A. Surveillance en dehors des heures de classe.... 99

    B. Règlement-modèle du 18 juillet 1882............ 101

    C. Organisation pédagogique et plan d'études...... 105

IV. Circulaires réglant l'organisation des écoles maternelles :

    A. Etablissement des écoles maternelles.......... 110

    B. Leur tenue.................................. 120

    C. Organisation pédagogique.................... 122

    D. Programme d'études......................... 124

    E. Traitement................................. 126

V. Préfecture de la Seine. — Circulaires du 30 août et du 12 septembre 1882 129

VI. Modèles des lettres. — Réponses. — Accusés de réception. — Lettres de rappel...................... 133

———

TABLE DES MATIÈRES.

I. Préface..   V
II. Avertissement.......................................   IX
III. Texte de la loi du 28 mars 1882...................   11
IV. Considérations générales...........................   17
V. Commentaire de la loi du 28 mars...................   25
VI. Appendice   85
VII. Table alphabétique et analytique..................   137
VIII. Table de l'appendice.............................   143

FIN DE LA TABLE DES MATIÈRES.

VERSAILLES, IMPRIMERIE CERF ET FILS, RUE DUPLESSIS, 59.

Collection Hetzel à 3 fr. 50 le volume

LA MORALE UNIVERSELLE.
Moralistes anglais........ 1 vol.
Moralistes italiens......... 1 »
Moralistes allemands....... 1 »
Moralistes espagnols...... 1 »
Moralistes franç. modernes. 1 »
Moralistes orientaux...... 1 »
Moralistes grecs. .... 1 »
Moralistes latins.......... 1 »
LA VIE DES ANIMAUX. — Histoire naturelle biographique et anecdotique, par le dr Jonathan Franklin, trad. par Esquiros......... 6 vol.
L'ANGLETERRE ET LA VIE ANGLAISE, par Alp. Esquiros.......... 1 vol.
MACAULAY. — Histoire et critique.................... 1 vol.
HISTOIRE DE LA TURQUIE, par Théophile Lavallée, jusqu'en 1856. 2 vol.
PROMENADES AUTOUR D'UN VILLAGE, par George Sand.......... 1 vol.
LES DAMES VERTES (Sand).. 1 vol.
LES BEAUX MESSIEURS DE BOIS-DORÉ, par George Sand.... 2 vol.
FLAVIE, par George Sand. 1 vol.
VARIÉTÉS LITTÉRAIRES, par Jules Janin.................... 1 vol.
CRITIQUE, PORTRAITS et CARACTÈRES CONTEMPORAINS, par J. Janin. 1 vol.
LES DERNIERS SAUVAGES, par Max Radiguet................. 1 vol.
LES NOUVELLES GASCONNES, par Ducom.................... 1 vol.

DÉCOUVERTE DE PARIS PAR UNE FAMILLE ANGLAISE, par Ruffini.. 1 vol.
LES CONTEMPLATIONS, par Victor Hugo................. 2 vol.
LA VIE DES COMÉDIENS, par E. Deschanel................... 1 vol.
HISTOIRE D'UN HOMME ENRHUMÉ, par P.-J. Stahl............. 1 vol.
VOYAGE D'UN ÉTUDIANT — DE PARIS A BADEN, — par P.-J. Stahl.. 1 vol.
LES CAUSES GAIES (Colombey). 1 v.
L'ESPRIT AU THÉATRE, par Em. Colombey................. 1 vol.
LES GUÊPES GAULOISES, par Claude Sauvage................. 1 vol
LES GENTILSHOMMES PAUVRES, par le comte F. de Gramont... 1 vol.
LES GENTILSHOMMES RICHES, par le même.................. 1 vol.
LES ENFANTS, par V. Hugo. 1 vol.
LOUISE MEUNIER, par Émile Bosquet.................... 1 vol.
HISTOIRE D'UNE JEUNE FILLE PAUVRE, par Arnould Fremy........ 1 vol.
PETITES IGNORANCES DE LA CONVERSATION, par Rozan......... 1 vol.

En préparation :

JEANNE DE MAUGUET, par Claude Vignon................. 1 vol.
ANTONIELLA, par Lamartine. 1 vol.
LES BONNES FORTUNES DE PLUSIEURS PARISIENS, par P.-J. Stahl... 1 vol.

Série à 3 fr. le volume.

CONSTANCE VERRIER (Sand).. 1 vol.
THÉATRE COMPLET (Sand)... 3 vol.
AUTOUR D'UNE TABLE (Sand).. 1 vol.
VARIÉTÉS LITTÉRAIRES (Sand). 1 vol.
M. et Mme FERNEL, par Louis Ulbach.................. 1 vol.
HISTOIRE DE LAW, par Thiers. 1 vol.
CHAMFORT (édition Stahl).. 1 vol.
LES TOQUÉS, par de Belloy. 1 vol.
ADRIENNE, par P. Deltuf. 1 vol.
MADEMOISELLE FRUCHET, par Paul Deltuf.................... 1 vol.
HISTOIRE DE SAINT-CYR, par Théophile Lavallée........... 1 vol.
HISTOIRE DU THÉATRE EN FRANCE DEPUIS VINGT-CINQ ANS, par Théophile Gautier............. 6 vol.
MON VILLAGE, par J. Lamber. 1 vol.
CONTES DE LA MONTAGNE, par Erckmann-Chatrian...... 1 vol.
LA BLONDE LISBETH, par Immermann, — préface de Nefftzer. 1 vol.

GASTON, par Laurent Pichat. 1 vol.
UN MANDARIN A PARIS, par J. Lamber.................... 1 vol.
HISTOIRE D'UN PREMIER AMOUR, par Aurélien Scholl........... 1 vol.
MADEMOISELLE DU PLESSÉ, par Paul Perret.................... 1 vol.
JEAN SANS PEUR (Th. Lavallée). 1 v.
HISTOIRE ANECDOTIQUE DU DUEL, par Colombey............. 1 vol.

En préparation :

LA FIN DU MONDE (J. Janin). 1 vol.
UN ROMAN BOURGEOIS, par Champfleury.................. 1 vol.
MAXIMES ET PENSÉES OU LA SAGESSE DE M. PRUDHOMME, par Henry Monnier.................... 1 vol.
MAITRE DANIEL ROCK, par Erckmann Chatrian................ 1 vol.
GARIBALDI. CONQUÊTE DES DEUX-SICILES, par Marc Monnier... 1 vol.

PARIS. — IMPRIMERIE DE J. CLAYE, RUE SAINT-BENOIT, 7.